小学四年学級経営
先生の通知表をつけたよ

学芸みらい教育新書 11

向山洋一
Mukoyama Yoichi

JN219311

学芸みらい社

まえがき

本書に書かれていることの多くは、かつての「学級通信」や「学年通信」、教育雑誌などに発表してきたものが中心である。ただし、この学年別のシリーズは、同一学年の内容でも、時期がいろいろと混ざっていることをお断りしておく。

たとえば、私は四年生担任を三回以上経験したが、本書にはその三回分の教育内容が混ざっているということである。また、雑誌に連載したものなどは、表現が少しおかしいところがあるかもしれないが、今回『学芸みらい教育新書』を出すに当たっては、必要な部分を大部改めている。できる限り、読みやすいように構成したつもりではあるが、不備な点はお許しいただきたい。

また初出の時と、表現を変えたところもある。何分にも年数が経っているので、子供や人物名は仮名またはイニシアルなどを使うようにした。

授業や学級経営などが、多くの学級の参考になるように、方法論もできるだけ含めたつもりである。それに関しては、私が書いたものだけではなく、向山学級の日常活動がどのようになっているのか、外部の人の分析考察が含まれている。卒論のために私の教室へ一年間通い続けた千葉大学の片桐君と指導教官である明石要一氏によって、教育社会学の観点からの分析が行われている。客観的に私の教室を分析したものであり、初版『先生の通知表をつけたよ』ではあえて、私の意見を付け加えないでいたが、新書発行の際に、この時のデータをもとに、私自身の教育の特徴について私見を述べた。

もう一つ特筆したいことは、理科授業奮戦記の掲載である。初版では、乾電池と豆電球の授業について子供の記録を掲載したが、新書で、どのように授業を組み立てればよいかを分かりやすくするために、教師の立場からの実践記録を掲載した。

『学芸みらい教育新書』ではこれらをさらに、必要なところに絞り込んで編集していいるので、これまで以上に活用できると期待している。

本書の多くは、学級通信などの内容をもとに再構成している。本書執筆に当たり、かつての通信を再び読み返した。新書発刊当時、四十歳であった私は、次のように「あとがき」に書いていた。

読むに耐えないのである。羞恥心が欠如していた私が、自分の文章を読み返してみて、初めて激しい羞恥を覚えたのである。何でこんなに気負っていたのか、何でこんな粗雑な主張をしていたのか、読んでいてたまらなかった。

三十年以上前の当時はこうした気持ちが強かったのであるが、いま読み返しても、やはり同様な思いがないともいえない。しかし、それが事実なのであり、そのまま復刻してある。

教師が人間である以上、実践記録の中には、素晴らしさもひどさも混在していて当然だと思うからである。

ともあれ、多くの教室で先生方から「あれをやろう」「これをやろう」と様々な内容が計画され、楽しい学級が日本中にたくさん生まれてくることを願っている。

目次

第5章 教室のまわり 99

第1章

授業を知的に

学校とはまず授業をするところである。授業は面白く、かつ知的でなければならない。いつもうまくいくものではないが、勉強しくふうすれば、今までとちがった授業になってくる。

四年生担任のときの授業記録を紹介しよう。

1　文を長く書く

「先生がこれからする動作を作文にしなさい。できるだけ長く書きなさい」と言って廊下に出た。

戸を開けて、教室の中央で子供たちを見た。

「これだけです。さあ書きなさい」と言った。子供たちは、「エッ！」と言ってぽかんとしていた。

Sさんの一回目の作文

「先生がドアをあけて教室に入って来て、電気をつけてあかるくしてから、みんなの前に立ってから今度は電気をけした。」

この作文は上等の方であった。他の子はもっと短かった。しかしSさんのノートに私はDを付けた。こんな程度ではしかたがないのである。

Kさんだけは、他の子とちがっていた。僕はAAを付け、紹介をした。

Kさんの作文

「はじめ教室へ入る時、みんなはどんな気持ちで入るのだろう。なんとも思ってない人、じゅ業が始まると思う人、またかあ、と思う人。

一度戸に手がふれる。その時もたしか思うことがあるはず。先生もきっとそうだろう。ドアを少ししずかに開ける先生を、２／３ほどの人が見ている。すると先生はちらっとこちらを見て、わらうかにらみつけるかふつうか……。一歩横へ出て電気のスイッチを入れる。パチパチ、あっというまに四～五つの電気がつく。コツコツコツと音がしてぬっと教たくの前へ立った。またちらっとみんなを見て、さっさとじゅ業の用意を始める。みんなは、じゅ業開始と思うことだろう。」

翌日一〇人ぐらいの子が家で復習をして書き直してきた。「ノートを見て」と言う。どれも見ちがえるようであった。

Sさんの三回目の作文(二回目は授業)

「先生がドアをガラガラとあけてから教室に入りました。電気を五つぜんぶつけて、あかるくなりました。四ほぐらいあるいてみんなの前(つくえの前)に立ちました。

みんなシーンとしている。音がしているのはヒューヒューと風の音。まどはがたがたとゆれている音が耳に入り、作文を書くのにじゃまになる。先生はいつもとちがって、しゃべらないで教室に入っていらっしゃるときの顔がどんなひょうじょうかと見ていました。すると先生の顔はおこっているみたいで、ちょっとこわくなってきて下をむき、作文を書きました。いつものじゅぎょうをしている先生の方が私はすきです。」

評定Aを付けた。(ただし、敬体〈です調〉・常体〈である調〉がまざっているので減点、文が二カ所ねじれているので減点。)

このような授業を通過すると、日記の文の長さもちがってくる。

Tさんの日記　四月七日

きょうは、雨がふっているので、外であそべないから、岩田さんの家へ行ってトランプをしたり、マンガをよんだりしてあそんだ。夜おとうととまたトランプをしました。

⇩

Tさんの日記　五月一七日

きょうは、さんかん日だ。わたしは、「四年になってはじめてだから来てよ」といったら「いくよ」と、おかあさんがいったので、あんしんした。

三年生の時、あまり手をあげられなかったのに、こんどはちがう。

「もう、四年生になったんだから」と、自分でいいきかせた。

おのさんのおかあさんや、いそべくんのおかあさんや、むらたくんのおかあさんが教室に入ってきた。

じゅぎょうのはじまりのチャイムがなった。まだこないのかなあと思ってドキドキした。おかあさんが、ろうかにいた。わたしがおかあさんのかおを見たら、おかあさんが「ダメヨ」という目で、わたしをにらんだ。わたしは「はい、はい」というと前をむいた。

家へ帰ったら、おかあさんに、おこられるかおこられないか、そわそわした。

おかあさんたちが帰ってから、だれかが「歌うのわすれちゃった」といった。

先生も「ああ、しっぱいしたな」といった。

でもわたしは、家へ帰ってから「おこられなければいいな」と思った。

手をあげた回数は、一〇回ぐらい。だから「きっと、ほめられる」と思った。早く家へ帰って「おかあさんのへんじをききたいな」と思った。それに今日は、お父さんのたん生日だから、早く帰りたいと思った。

ばんざい‼　ほめられた‼

「よかった」と思った。

Oさんの日記　四月八日
ぼくが、きゅうかんちょうとあそんでいたら「ばかねー」といった。ぼくはわらった。

⇩

Oさんの日記　五月二三日
今日、音がくかんしょう会に行った。見たことのないがっきがあった。
そのはんたいに、よく知っているがっきもあった。

一五分くらいたった。向山先生と原田先生が、いねむりをしながら、ふねをこいでた。
ぼくは、こんなにうるさいのに、よくねむれるなあと思った。
　音がく会がおわった。学校についた。
　先生が、「おもしろかった人、ふつうの人、つまらなかった人」ときいた。
　ぼくは、つまらない方に手をあげた。わけをいった。
「いみがわからなかった」「知らない音楽が多かった」
　ぼくの知っている曲があれば、よかったなーと思った。

一行しか文が書けなかった子も長く書けるようになる。
文も見ちがえるようになる。

2　指示する内容を正確につかむ

国語のテストをしていて気になったことがある。問題の指示する内容がつかめていないようなふしがあるのだ。

教室でも「ドリルの13と15をやりなさい」と言うと「どこをやるの?」とその場で必ず聞き返す子が五、六人いたり、13だけやって済ませてしまう子が一〇人程度いたりして気になっていた。

言ったことが正確に伝わっていないのである。生活上での会話は、どうなっているのかが気になった。大人の方が「分かってあげている」のではないかと思う。言葉足らずを「分かってあげてしまう」と、言葉の力は伸びていかない。もう四年生である。

意地わるく、聞き返してもいいと思う。

問題の文

〈嵐《あらし》は、ますます、はげしくなってきました。〉

問A、嵐はどうなったのですか。
答ア　ますますはげしくなってきました。　一〇点
イ　ますます、はげしくなってきました。　一〇点
ウ　ますます、はげしくなってきた。　一〇点
エ　雨が強くなってきた。　〇点
オ　雨、風がはげしくなってきた。　五点
問B、嵐はどうなってきましたか。あてはまる文をさがしなさい。
答ア　ますます、はげしくなってきました。　一〇点
イ　ますますはげしくなってきました。　五点
ウ　ますますはげしくなった。　〇点

問Aと問Bは同じではない。

問Bは、答えを文中からさがし、その文をそのまま書かなくてはいけない。文を変えてしまったら〇点であり、句読点を落としても大きく減点である。この答えをそのまま写すというのが意外とできていない。嵐という漢字を平仮名に直したり、流れるという字を「𣳾」

と写しまちがえたり……。

　正しく写すことができないのである。これは一見ささいなことのように見えるが、実は、当たり前のことを当たり前にやるという訓練ができていないと、きちんとできないものだ。

　慶応の附属中学の入試問題に、二〇〇字ぐらいの文が書いてあって、それをそのまま写すというのが何年来と続いていた。小学校一年生の「教科書をノートに写しなさい」と同じである。なんだと思う問題である。しかし私はここに、一つの学校の見識を見る。〃ひらめき〃があるだけではなく「当たり前のことを当たり前にやる」子が、ほしいのである。

3　算数の考え方　──「アンバランス」一九七二年六月一四日──

(1) かけ算の意味

算数のかけ算の意味がつかめているかと思って、次のテストをした。

黒板に、こういう絵をかいた(図1)。

「リンゴの数を、かけ算で出すにはどうするか?」と聞いた。

全員手が挙がって3×2=6と答える。

この練習をしっかりやって、「いいか、リンゴの数だぞ。かけ算でだぞ」と何回も念をおして、次の問題をやらせた(図2)。

さて、どうだったと思いますか。

①は全員できた。

②は二九人できて六人まちがえた。

③は二五人できて一〇人まちがえた。

④は九人できて二六人まちがえた。

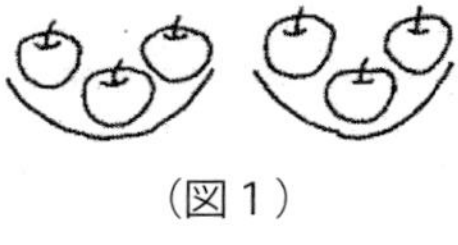

(図1)

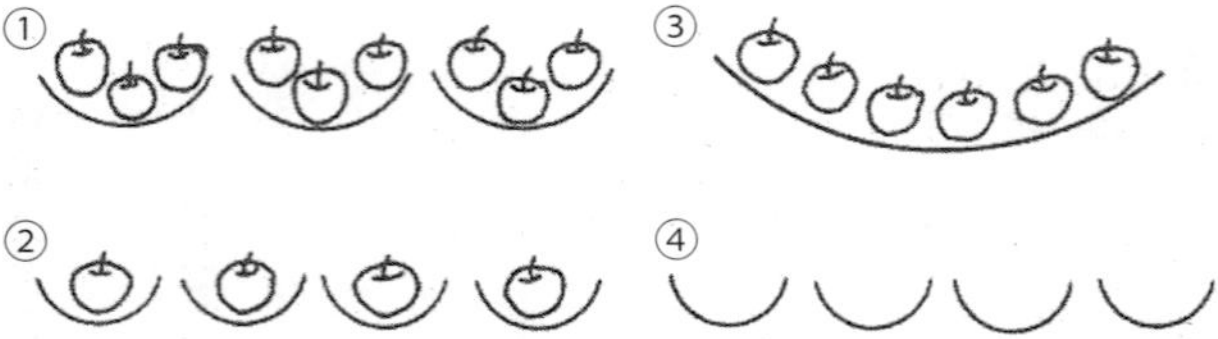

（図2）

①は　3×3＝9　これはやさしい。

②は　1×4＝4　まちがえた子は全員4×1＝4としている。リンゴの数を出す問題だから、これはまちがいだ。4×1＝となると、4個のっているお皿が一枚という意味になってしまう。

③は　6×1＝6　このまちがいの大部分は、1×6＝　にしてある。②の裏返しだ。苦心して、3×2＝　とやった子が何人かいる。かけ算という意味の中に、この子たちは　×1（かけるいち）を、入れていないためだ。

④は　0×4＝0　これはひどい。九人しか合っていない。4×0とまちがえたのが一〇人いる。4×0だと4個のお皿が0枚の時のリンゴの数であり、0個のお皿が4枚のリンゴの数とはちがってくる。

四問全部正解は八人。三問は一四人。二問は一〇人。一問は二人。〇問は〇人。×1　×0という意味が、ほとんど理解されていないのが分

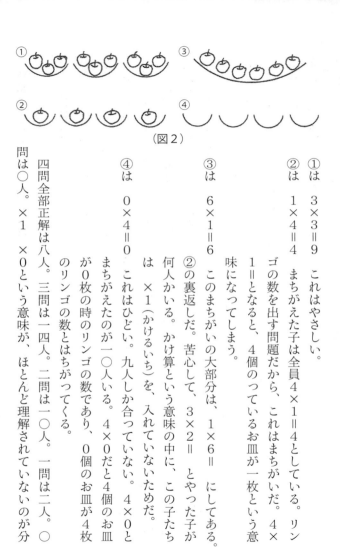

かる。かけ算の意味もしっかりつかめていないのが分かる。

大三小（大森第三小学校）の四年生で、私の友人がやった結果は、（②をぬかして全部で三題やったところ）三問全部正解八人、二問正解八人、一問正解一五人、〇問正解八人であった。これらは、ある意味では当然で、数学教育で一番大切な0の意味の説明が教科書ではぬけているからだ。また、かけ算のとらえ方もちがっているからだ。

（2）演算の意味

また、演算の意味を理解できているかどうかを調べてみようと、次の問題を出した。「×÷＋－どれでもない」を書かせたのである。

①二冊の本があります。一冊加えます。何冊になりましたか。　＋（合併）
②六冊の本を二冊ずつ配ります。何人に配れますか。　÷
③こちらに二冊、あちらに一冊あります。どちらがどれだけ多いですか。　－（求差）
④二冊の本の山が三つあります。全部で何冊ですか。　×
⑤六冊の本を三人に配ります。配り方はどうでもいいです。　どれでもない
⑥三冊の本があります。一冊とります。残りの本の数は何冊ですか。　－（求残）

⑦六冊の本を三人に配るには何冊ずつ配るといいですか。　÷

正答者は①三四人　②二五人　③三五人　④二七人　⑤二二人　⑥四人　⑦二四人。七問正答一人　六問正答一四人　五問正答八人　四問正答六人　三問二問正答各二人。

こういうことから、計算の基本の意味がよく分かっていないのが、分かることと思う。

4　できるようになるまで頑固に

（1）漢字テスト

漢字テストを四回やった。出す漢字を予告してである。したがって、練習してくれれば満点をとれるはずである。それにもかかわらず、六点以下をとった者が一二人もいた。

当たり前のことを当たり前にするという生活が欠けており、当たり前にするという美意識が欠けているのだと思った。

それより少し前に、教師の私をA、B、C、D、Eで採点させた。視聴覚室でボタンを押して反応を集計する機械を使っての遊びでである。大半の子はAを押した。すると驚きの声を上げた子が二、三人いた。七名がEを押した。最低点である。その七名には顕著な共通点があった。ノートをきちんと書く等のていねいさが欠けているため、いつも注意されている子供たちであった。

私は原則はゆずらない方である。一回、二回は何とかうまくとりつくろっても、そういつまでもごまかせない。自分の地が出てくる。今、その子たちは当惑しているのである。

拒否反応を起こしているのである。しかし、どうしてもそれは通過させなければならない。私は、何から何まで規制しようとしているのではない。その反対である。価値判断は全く自由にさせているし、形式もほとんど自由にさせている。九九パーセントは自由を与えるが、一パーセントは形式を与える。それについては頑固である。

作文でたとえ教師の批判をしようとそれは自由であり、そのことを叱ったりなじったりはしない。しかし、作文である以上、日本語として意味が通る書き方は、どうしても教えなければならない。一人残らずにである。「ぼくは作文が書けなくてもいいんだ」という自由は認めない。

その漢字のできない子を先々日、学校に残した。

「何文字練習すればいいの?」と聞くから、「何文字でもいい。次のテストで満点とれる自信がつけば、たった一回の練習でいい」と言った。

次のテストでは、ほとんどの子が満点をとり、今まで八点、九点でお茶をにごしていた子が、こっぴどく言われる番となった。(翌日、残した子の八割は元に戻った。)

（2）鉄棒

どうも、筋肉の訓練が全体としてできていない気がする。マットで前転（でんぐり返し）ができるのは学年で半分だし、後転となると三分の一である。

うちのクラスのAさんは、体育がとても苦手である。身体がわるく、体育の授業への出席をとめられていたせいもある。鉄棒の時など、しっかりとつかまって泣いているのである。この前、「前回りおり」ができて、子供たちは「おー」というように驚き喜んだ。

一昨日のことである。放課後教室にいた子が「Aさんが鉄棒をやっている」と驚いたように大声で言った。OさんとSさんが熱心に教え、高い鉄棒に跳び上がる練習をしているのである。私は窓からずっと見ていた。

何回やってもだめである。まわりの子も増えて、一心に教えていた。やがて走って跳び付く練習を始め、やっとできた。まわりの子は跳び上がり、Sさん、Oさん、Mさん、Iさんがこちらに全速力で走ってきた。教室にいたYさんが「先生、知らせに来るんだよ」と言った。全員で鉄棒のところへ押しよせた。みんなの注目の中でAさんは鉄棒に跳び付き、前回りをした。盛大な拍手がまき起こった。

5　悪戦苦闘　――なぜ私は、がくぜんとしたか――

私は以前、大森第四小学校にいた。俗に海岸地帯と言われるところである。ここの子供たちは、基本的生活習慣がきちんとしていない、忘れ物なども多いというのが通説になっていた。しかし、教師になって二年目の自分の仕事の記録を読んでびっくりした。四年生の担任で、今よりはるかに未熟であったのだが、子供たちの姿は、想像していたのとはちがっていた。

昭和四四年五月一四日

二時間目の算数で、宿題を忘れた子がまた三人もいた。昨日もさんざん叱って、授業をしなかった。今日もまた、授業をやめた。「勝手にしろ」と言いはなした。日直がすぐにやって来て、「先生、何をしてもいいですか」と聞いてきた。「ああ、いいよ」と答えた。

すると、日直のYさんとSさんが黒板の前に出て、「では、問題をすすめていきます」と言って、授業を始めた。一つの問題を二人に書かせ、それを全体で討論していった。

徹底的に納得するまで、ほり下げていった。「もう一度意見を言ってください」とか、「分からない人説明してください」とか言っているので、その見事さに、ポカンと見とれていた。

この日記を読んでびっくりしたのは、担任がカンカンになって授業をしなくても、「何をしてもいいですか」と念を押し、自分たちで授業をすすめたしたたかさと、たくましさと、力量のみごとさ、ではない。それは、下町のたくましい子供を育てていけば、できることである。

びっくりしたのは、三人が宿題を忘れ、カンカンになったという人数にある。基本的習慣の身に付いた子が少ないという海岸地帯でも、その人数しか忘れていなかったという事実にである。

現在の四年三組は、そんなものではない。四月始めに常習的に宿題を忘れ、教科書を忘れ、叱られても忘れ、連絡帳に書いても忘れる子が、クラスの三分の一ほどいた。その後の悪戦苦闘にもかかわらず、一〇人前後がまだいる。社会科作業帳の未提出者一〇人、算数わり算のノート未提出者九人、理科「川のはたらき」の未提出者二八人、テストのやり直し未提出者七人などである。

これでも手をこまねいていたわけではない。授業中、たっぷりと時間をとり、残って勉強もさせ、少なくとも五、六回は催促した上での話なのである。隣の四年二組での宿題忘れは、ほぼ一、二人ということだから、これは私の力のなさのためなのだろうが、呆然としている。

忘れ者の多い子はていねいさに欠ける。持ち物などもぐちゃぐちゃである。家庭では、あまり知らないようなので、通知表のほかにそうしたことを知ることができるものを発行することにした。

教育とは、事実を知って、家庭と手を取り合っていかないと、うまくいかないからである。学校教育だけではできないことも多いからである。

6　言葉

ＮＨＫテレビで、言葉についての特集があった。その日に授業をしたこともあったので、興味深く見た。

たとえば「肉が食べれない」という言い方を、変だと思わない人が約半数いるというような調査である。多分これは年代の差もあると思う。私は変だと思わない年代である。しかし私は教師であるから、正確な日本語を一度はきちんと教えなくてはならない。テレビの中で、ＮＨＫのアナウンサーだけは言葉が正確であるが、あとは、いいかげんだからである。

「肉が食べれない」「明日は、来れない」などはまちがいである。〝食べられない〟〝来られない〟でなくてはいけない。「ら」がぬけ落ちているのである。

「椅子にすわる」も、まちがった使い方である。「すわる」とは、足を曲げてくっ付けた状態、正座やあぐらをいう。「腰がすわる」などの用法はこれから転じたものであり、重量感と安定感がある。椅子の場合は、「腰掛ける」と使う。「着がえなさい」もまちがいである。これほど間違って使われている言葉も少ない。「着かえなさい」でなくてはいけない。

ただし「着かえを持ってくる」などのように名詞として使う時は「着がえ」と言うのもよいとされている。

半年ぐらい前、K先生が「体操着に着かえなさい」と言うのを聞いたことがある。正確な言い方を聞いたので印象にあったのだ。

教師というのは言葉遣いが正しくないそうで恐縮している。保護者が学校へ電話した時の応答はかなりのひどさらしい。私も注意はしているつもりだが、教師のわくからなかなか抜けられない。

——「師尾先生いらっしゃいますか」

と言うのに対して、

——「師尾はただ今、出張しています」

と、なかなか出にくい。「師尾先生は……」となってしまう。

〈「うちのお母さんが」と言うのは、間違えています。どう言えばいいのでしょうか?〉

の問いに、手を挙げた子供は、わずか二人であった。

これは、もちろん学校でも教えるが、家でも教えていいのではないか。言葉を習得する上で一番大きな影響を与えるのは両親であり、ついで家族、友人、教師であると思う。

四年生ともなれば、その言葉の量、使い方には歴然とした差が出てくる。抽象的な言語を操るには、三代の蓄積が必要であると、昔読んだことがある。そこまでいかなくても、正確に伝え、聞くという習慣がほしい。

7　向山式跳び箱指導法の誕生の瞬間

跳び箱が跳べない子を、私は三分程度で跳ばせることができる。

私だけではなく、向山式指導法を身に付けた人は（これは一五分で分かる）、誰でも跳ばせることができる。

この方法は日本中に広まりつつあって、私の手もとに寄せられただけで、三千名をはるかに超える成功例がある。

さて、向山式指導法が完成した瞬間の子供の作文がある。学級通信「アンバランス」に報じられたものである。一九七二年五月二七日の出来事であった。

とび箱がとべた!!　　N・T　五月二七日

体育でとびばこをやった。四年になってはじめてだった。

私は「やだなあー」と思った。私は、とびばこがとべないからだ。一、二、三年の時とびばこがとべなくてきらいだった。でも、むりにやらされた。それで、きょうとびばこをやった。ドキドキした。やっぱり、とべなかった。

先生が、「とべない人はこっちにきて」といった。わたしは、そっちにいった。とべないのは、私と大島さんと和子さんだけだった。でも、かずちゃんは、今日体育を休んでいた。

先生は、「三段をとんでみろ」と、いった。やったが、やはりとべなかった。はずかしさと、こわい気持ちで、むねはドキドキした。

先生は、「からだ全体を手でささえる、そのときはこのぐらいの重さがする」などととびばこをとべるコツを、いろいろおしえてくれた。

私は、いわれたようにやってみた。一回、二回、やっと、とべるようになった。とべたしゅんかん、「やったー。やっと、とべたー」となんども心で思った。もう一回やってみた。やっぱりとべた。その時は、もううれしくて、うれしくてとびあがってよろこんだ。大島さんもとべるようになった。

家に帰ってから、母や父にはなしたり、ふとんをだしてまねをしてみたりした。

その日は、もう、きがきでなかった。

でも、これから、みんなといっしょに思いっきりとびばこをとべるなんて、ゆめみたい。ばんざーい。

どうして、私が「向山式跳び箱指導法」を思いついたのかを聞かれることが多い。

しかし、自分でもよく分からない。

分かれば「発想法」の分野にいささかの貢献ができるだろう。理由は分からないのだが、「関係あるかな」と思うことはある。

第一は、私には「全員を跳ばせたい」という強い願いがあったことである。その願いをずっともち続けてきた。

第二は、「跳べない」のは、その子がわるいのではなく、「指導法がわるいからだ」と思っていたことである。自分の未熟さを責め続けていた。

第三は、子供ができるようになるには「ポイント」とでもいうものがあり、それを発見すればいいと思っていたことである。

「ポイント」とはつまり教育の技術であり方法である。

教育の技術と方法は「発問」「指示」などの具体的な裏付けがなければならない。

このような事情が、長い間に何らかの文化を蓄積させ、それが突然開花したのである。

第2章

再び授業を知的に

1　理科研究授業奮戦記

次の記録は、私の理科の授業である。

研究授業をすることになった私は、「研究通信」を書き、途中経過等を報告していたのである。

（1）一個の豆電球を調べる

電気は流れ落ちるか？
二月一日、いよいよ授業に取りかかった。
行き先がどうなるか、かなり不安だが、とにかく動き出さなければ話にならない。
授業では、まず「電気は流れる」ことを扱うことになっている。
第一問は、次の問題だった。
「A図とB図ではどちらが明るいか」というものである。
一〇月にやった実態調査では、Aが明るいという子は一八人だった。

二月一日は、Aが一三人、Bが六人、同じが一六人だった。

Aが明るいというのは、電気は水のように流れ落ちると考えているからだ。

ノートに各自の予想を書かせ、理由を書かせた。このころは、理由を書けない子も多くいた。そんな時は「直感で……」とか、「何となく」とか、そう思った様子を書かせた。

次に班で話し合いをさせ、その後、意見の補足を求めた。

これらの話し合いによって、意見は少し整理された。

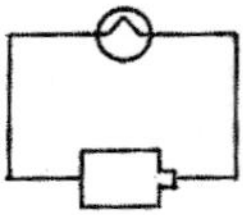

B図

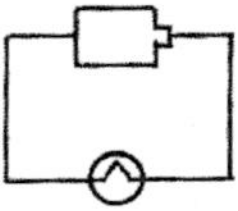

A図

A…一三人→一四人　B…六人→〇人　同じ…一六人→二〇人

こう変化した。つまりBはなくなってしまったのだ。

実験を各班でさせてみた。合っていた子は喜んでいたが、私は少し不満だった。それは、各班で実験したために各自の意識がばらばらであったからだ。つまり、クラス全体が「一つのこと」に集中していないわけである。せっかくよい場面なのに、盛り上がりに欠けるわけだ。

私は、ここで次のように思った。

意見が分かれた問題を確かめる実験は、教師がやって示すべきである。

これは、すでに明らかにされていることかもしれないが、私の体験に基づいた私の結論である。

これ以後、私はまず自分が実験を示すことにしている。これは、うまくいっている。一人一人の子供の目が、私の手元を刺すように注目している。だから、私は、時々「あっ、この実験やめた」と言ってじらすのだが、子供たちは、早くやってくれとせがむ。

実験をする前の瞬間は「心臓が飛び出しそうになる」のだそうだ。

次に「ソケットがなくても電球はつくか？」という問題を出した。

こんな程度の問題でも、なかなか難問のようだ。

つく…一七人、つかない…一三人、かすかにつく…四人

エナメル線などではつけられないという子が一三人もいた。「そんなものでつけられるのなら、ああいう装置はいらない」というものだ。

例によって、ノートに意見を書かせ、発表をさせた。

その中で、Aさんの意見が実に注目すべきものだった。彼は黒板に出て上の図を書いた。

「前の実験の時、遊びで図のようにやってみたら、Bの電球もついた。だからソケットがなくてもつくと思う」というものだ。

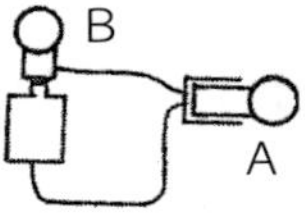

これで、意見は大きく動いた。

つく…一七人→二六人、つかない…一三人→六人、かすかにつく…四人→一人

私はエナメル線を出して、片方を豆電球に巻いた。用意が整うと、みんなじっと見ている。大変いい気持ちだ。豆電球がつくと大歓声だった。

電球の中は……?

次の日は「豆電球の中はどうなっているのか」という問題を出した。

ノートに図を書かせた。もちろん、豆電球を見ていいのだ。子供たちは穴のあくほど見ていた。この時の観察が、後の学習で役立った。

さて、黒板に考えを書かせたのだが、出た意見は四つだった。

それぞれの意見への賛成は上の図に書いてある人数である。

Hさんの意見は「こわれてもすぐつながるようになっている」というものだった。これに対して「回路はどうなるのか?」という反論があり、この意見は引っ込められた。

さて、ここでもAさんはホームランを打つ。つまり、前時の学習の内容をもち込んだ。

「前に、こうやって豆電球がついた。つまり回路は横の所と下のでっぱりにできている」という意見だ。

さらに、これにおいうちをかけたのは、「ソケット」の構造だ。ソケットの線は「横」と「下」に分かれてついているというものだ。

この二つの意見でAさんの案にまとまり、教科書の図で確かめた。

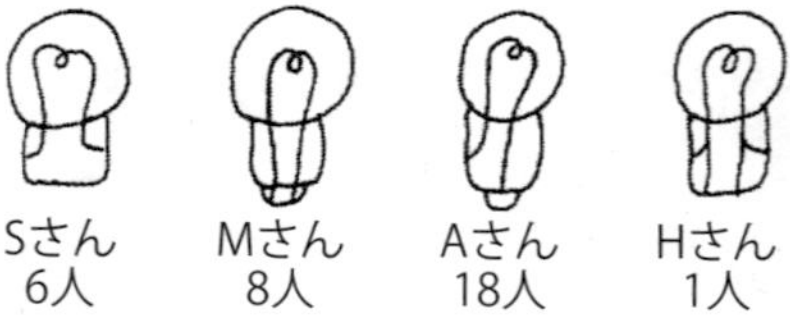

じゃ口をつないだらつくか

さて、その次には、「回路」についての応用編ともいうべきものを学習した。

まず、「金紙をつないで回路とすることができるか」である。

これは、多くの子が「通さない」という意見だった。実験をやったら豆電球はついたので、かなり驚いたようだ。

次に、長いエナメル線（5メートル）をつないだらどうなるかと聞いた。

これは、つく…二六人、つかない…〇人、かすかにつく…八人、だった。

「かすかにつく」という子は「あまりにも長いから」という理由だった。反対の子は、「それなら、あんなに長い電線を通ってくる家の電球はどうしてつくのか」というものだった。

話し合いの結果、つくという子が三〇人になった。

ほとんどの子は「つく」と予想したのだが、それでも実験の時はみんな真剣だった。

さて、その次は「水道のじゃ口とじゃ口をつないだらどうなるか」（上の図）というものだ。

つく…二四人、つかない…一〇人、かすかにつく…一人、だった。

実験したら、〈かすかにつく〉だった。正解のSさんはとび上がっていた。

さて、校舎内の水道は、金属板がまわりに貼ってある。校庭のはコンクリー

トだ。校庭に子供を連れ出して、「この水道ならどうか」と聞いた。
つく…五人、つかない…一二人、かすかにつく…一七人
まわりがコンクリートなので回路はできないと考える子が増えた。しかし、実験をすると、やっぱりかすかについた。

電気はぶつかるのか？

二月三日(木)、いよいよ大物に取りかかることになった。

「電気はプラス、マイナスの両極から流れ出てぶつかるのか？」という問題である。

これを、どのような「事実」によって教えることができるのか、が問われているのだ。

E先生が「ここを、どう教えるのか注目している」と言われた。

「さあ、お立ち合い」といったところだ。私は、ここをどうするのかを悩んだが、E先生の発言から考えても、いわくつきのところなのかもしれない。

さて、実態調査は次のとおりだった。
両方から出る　二九人

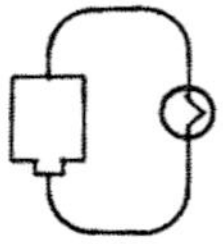

＋から－へ　四人
－から＋へ　一人
行ったりきたり　一人
それが、二月三日には、次のようになっていた。
両方　二五人
＋↓－　一〇人
－↓＋　〇人
行ったりきたり　〇人
つまり、「まわっている」と考える子が少し増えているのだ。これは「回路」について、ずっと勉強してきたためと思える。
例によって、ノートに自分の予想を書かせ、発表をさせた。
電流は両方から流れてきて、火花のようにぶつかるという意見がほとんどだ。
ここで、Ｚさんが有力な反論を展開した。
もしも、両方の極から流れているのなら、次の図のような場合でもつくはずだが、「やってみてもつかない」というものだ。一瞬、決まったかに見えたが、すぐ反論が出された。

「これは回路になっていないからつかない」というものだ。

ここで、私は大失敗をやらかした。

せっかくのチャンスだからと、「この図の時、電流は流れているのか」とやってしまったのだ。

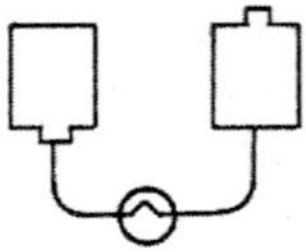

結論を急ぐと、プラス極から半分流れているという意見がかなりあり、それを確かめるため「方針磁針」の役割を教えた。

初めは、豆電球のついたものでやらせた。かすかに針は動く。

次に、この図でやらせた。ところが何と、針は動くのだ。そんなはずはない、机を動かしたのだろうと思ったのだが、本当に動くのだ。

これは大変だ。そこで「かん電池だけ」でやってみた。

何と何と、これでも針は動くのだ。

これ以上は無理だ。大失敗だ。テスターか電流計を用意しておくべきだったと冷や汗をかいた。

（2）二個の豆電球を調べる

二個の豆電球

さて、次は「二個の豆電球」を取り上げた。

「図の時、二つの豆電球はどうなるのか？」という問いだ。一個の場合と比較させた。

ふつうにつく…一七人、暗くつく…一八人、つかない…〇人、というように分かれた。

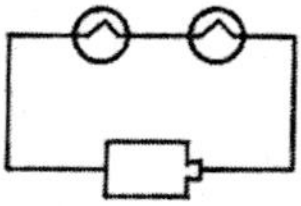

この論争はかなり熱気のあるものだった。

ある子のノートには次のように書いてあった。

私の予想　一個よりもくらいが、つく。

理　由　二個豆電球をつけたって、ちゃんと「かいろ」はできているのだから、エナメル線（どう線）の中に電気は通って二個ともつくと思う。でも、電気の通り道は一本しかないのだから、一回に電池から出る電気はたぶん決まっていて、その電気を二個が半分ずつ使って一個分よりくらくつくと思います。

この時の発言者は二三名で、それまでの最高だった。
討議の後、意見はほとんど変わらなかった。それぞれの意見が一応論理的なので、動かなかったと思える。
実験をして、(例によって、じらせたが)二つの豆電球がかすかにつくと、予想の合っていた子は大喜びだった。

電気の量対回路

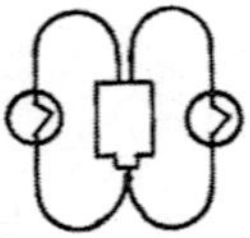

次に並列つなぎの図を示した。
この時、どのようになるのかという問いだ。
ふつうにつく…一九人、つかない…〇人、暗くつく…一六人
これもまた、半々に分かれた。かなり、面白い討論だった。
「電気は分かれて二つにいくから、暗くつく」という意見に対して、Iさ

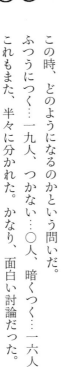

んが見事な反論をした。

Iさんは「今度は回路が二つあるから、ふつうと同じだと思います」と発言した。また、Cさんも「前のは一つの線に電球が二つだったが、今度は二つの線に二つの電球だから前とはちがう」と発言した。

Mさんは「回路が増えても、一つの電池から出る電気は同じだから、暗くなる」と反論した。Gさんは「回路が増えると、一つ一つの回路に電気はちゃんといく」と反論した。

つまり、「プラス、マイナス極から出る電気は同じ」なのか「回路には同じだけ電気がいくのか」に分かれたのだ。

この討論の中で初めて、電池の消費量（時間）が問題になった。

ふつうと同じにつくと発言した子の中で、三人ほどが「二つの回路にすると、早く電池がなくなるだけなのだ」と発言したのだ。

討論終了の時に、次のようになっていた。

ふつうにつく……一九人↓二二人
暗くつく………一六人↓一四人

「ふつうにつく」という意見が、やや優勢だったようだ。

二つの豆電球を用意した。一個をまずつけた。そして、ゆっくりと二個目をつけた。ふつうについた。再び大歓声だった。

再び大失敗

二個の豆電球の勉強の中で、私はまたもや大失敗をしでかす。

　私は、ほんの二、三分で終えるつもりで、次の問いを出した。

「Bの電球をゆるめて消すとAはどうなるか」と聞いたのだ。

　これは、本当に「ついで」のつもりだった。「すごく簡単なのを、念のためにつけ加える」と言って出したものだ。

　予想を集計すると次のとおりだ。

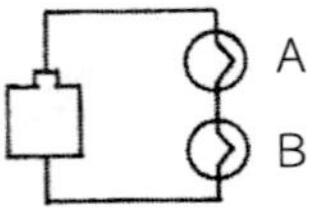

Aは明るくなる……………一八人

Aはそのまま暗くついている……八人

Aは消える……………九人

　何と、正解はわずかに九人だ。「回路が切れるから当然Aも消える」ということは、すぐに分かることだと思っていたのでびっくりした。少し呆然となった。

簡単に見過ごせる問題ではない。「回路」をしっかり教えることの重大さを教えられた。

そこで、子供たちに討論させた。

初めは「二つの回路に一つの電球になるのだから、当然明るくなる」という意見が主流だった。

ところが、「Bを消すのは回路が切れることだ」という有力な反論が出された。だが、「電気は消えても、回路はつながっている」という反論が出され、ソケットの構造論議になった。ソケットはこうなっていて、二つの線はつながっているというのだ。しかし、「回路は切れる」と考える子の方が、観察力も優れていたようだ。ソケットの線の間に、板みたいなのがあって、ちゃんと分けてあるというのだ。

この「ソケット構造」の論争ではNさんが大活躍だった。

この結果、次のように意見は変わった。

明るくなる……一八人↓一四人
そのまま………八人↓　三人
消える…………九人↓一八人

この実験にも子供は集中していた。一方の電球を消すともう一方の電球は消えた。大歓声だ。

私がやった後は、個人個人で全員がやってみることになっているので、子供たちは、さっそく確かめていた。

それにしても、勉強になった授業だった。

（3）豆電球のいろいろなつなぎ方

伊崎の回路（仮名）

二月五日は「二個の豆電球のいろいろなつなぎ方」を考えさせた。ノートにまず書いてみるのだ。伊崎（仮名）がすぐに面白い図を書いた。

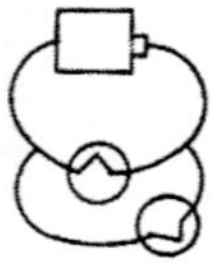

この予想は次のとおりだ。

両方ふつうにつく……〇人　　片方がつく……七人

両方暗くつく……二二人　　つかない……三人

この討論も面白いものだった。クラスの結論は、「これは一つの回路であるから

これと同じだというものだ。

実験をやってみた。両方とも明るくつく。全員まちがいだ。みんなびっくりしたようだった。「両方とも明るいということは、この図の回路はいくつですか」と聞くと、即座に「二つです」と返ってきた。

色えんぴつで、二つの回路をぬり分けさせた。

子供が考えた回路

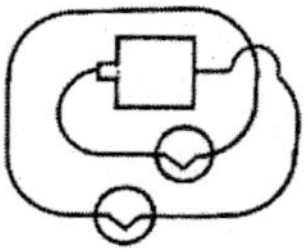

二月七日(月)には、二つの豆電球について、子供たちが考えた回路を発表させ、検討した。回路には、それを考えた個人名が付けられている。

上図の「松本の回路①」(仮名)は、簡単だった。

これは、一つの回路に二つの豆電球をつけたものをグルグルまきにしてあるだけのことだ。

ただ、この程度のことでも、三人ほど実験するまで分からない子がいた。

黒板に書いた八つほどの図から、次は「安藤の回路」(仮名)を取り上げた。

この子は、この単元に入ってからずっとこのスタイルにこだわっている。

またもや、両側にやる方法を考え出した。

子供たちの予想は、全員「二つの回路に二つの豆電球だから暗くつく」ということだった。実験をやると、そのとおりだった。

さて、次は「安藤の第二回路」だ。上図の回路である。

これも簡単なようだった。「二つの回路のそれぞれに豆電球が一つついている」というものだった。

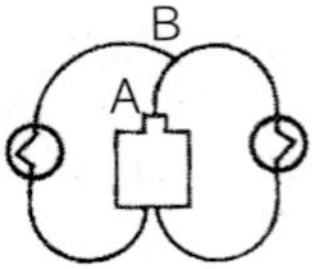

〈A↓B〉の間は線が一本だが、二つの回路に使われているわけだ。このような「一本の線の中に二つの回路がある」というのは、前の「伊崎の回路」で学習したことだ。

このように、前に学習したことを使って、次の学習へ向かっていけるということが、この教材ではかなり見られた。

(4) かん電池二つをつなげる

かん電池二つの回路

さて、いよいよ二つのかん電池を使った回路に入ることになった。

まず初めに、直列の場合を聞いた。

予想は次のとおりだ。

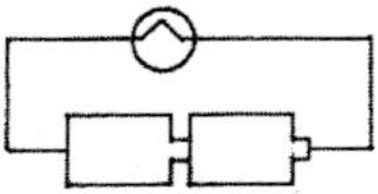

明るくつく……三二人
一個分と同じ……三人
つかない………〇人

これは正答が多かったのだ。実は、かん電池を自由につかえる時にやってみた子がいるのだ。その時、Ｙさんは、あまりの明るさに「わあーすごい」と大声を上げていた。

であるから、これは予想を聞いただけで、すぐ実験をした。

さて、次は並列だ。

予想は次のとおりだ。

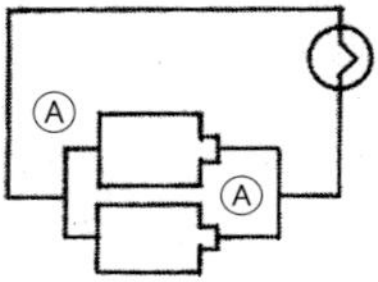

明るくつく………一六人
一個分の明るさ…一二人
暗くつく…………四人
つかない…………一人

Mさんは「つかない」だった。「マイナスとマイナスがつながっているから回路にならない」というのだ。

Jさんは「一個分」だった。「A地点で二つのかん電池から出る電気が出にくくなって、かわりばんこのように一個分の電気が出る」というものだ。

Sさんは「明るくつく」だった。「これは一つの回路である。そこに二つの電池と一個の電球があるから、二個の電池をつないだ場合(直列)と同じだ」というのだ。

Nさんは「つかない」だった。「Aの出口で、電気がぶつかる」というのだ。

討論の結果、人数は次のように変わった。

明るくつく…一六人↓　七人　　一個分つく…一二人↓一六人

暗くつく………四人↓一三人　　つかない………一人↓　〇人

実験をやってみせた。みんな真剣だった。

並列つなぎの時の電気の出方を一つの仮説にした。これに、発見者の名前を付けた。

城・赤石の仮説(仮名)……ぶつかった出口では、かん電池一個分の電気が出る。

さて、ここでもう一つ聞いた。

予想は次のとおりだった。

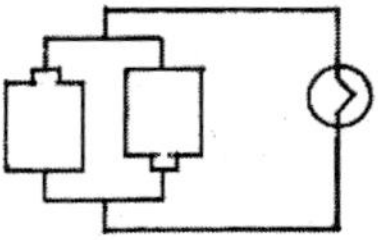

明るくつく……〇人　一個分の明るさ……三人
暗くつく……四人　つかない…………二七人

Gさんが言った。「これは、電池の中をグルグルまわってしまう。ショートしている。だからつかない。」

Uさんが言った。「電気は流れやすい方を通る。これでは豆電球に電気がいかない。」

Zさんが言った。「電気はここ（プラス）からここ（マイナス）へずっとまわってしまう。」

実験したらつかなかった。この回路に少し慣れてきたようだ。

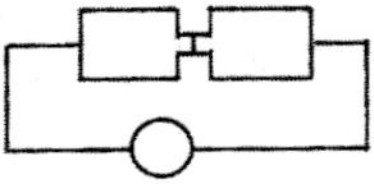

この形も聞いてみた。
これは全員正解だ。「つかない」と全員が答えた。
この回路の名前を募集した。Hさんたちの班から出た「ストップつなぎ」に決まった。電気がストップされているというのだ。

(5) 自分の回路を作る

この後で、自由に回路をかかせた。もちろん器具を使っていいのだ。一部を載せたが、もっともっと、たくさんの考えがあった。

正解者　三名

次の回路図面を子供たちにも配り、検討した。

まず、赤石の回路(仮名)だ。

これは全員正解だった。

「ストップつなぎ」になっていて、つかない。

次に安藤の回路(仮名)だ。

これは、意見が分かれた。

明るくつく…三〇人　　つかない…六人

この図は、直列つなぎの書き方を変えただけのものだ。

それなのに六人がまちがえていた。教師にとって「当たり前」と考えられ

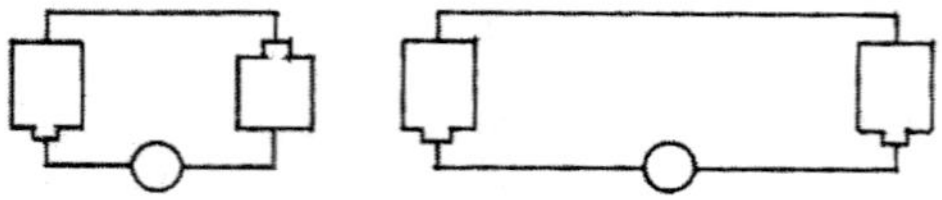

ることも、子供にとっては別なわけだ。

さて、その次はかなりの難問だった。

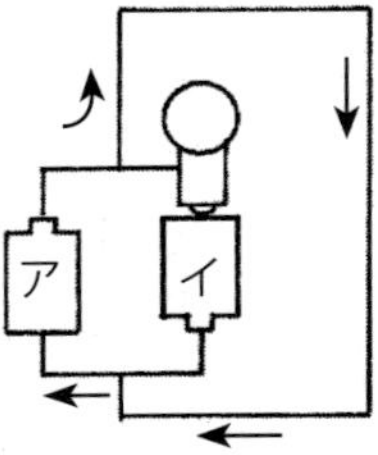

まず、永田の回路（仮名）だ。

子供たちの予想は次のようだった。

つかない……二五人
暗くつく………二人
ふつうにつく…九人

「つかない」という意見は、アのかん電池が矢印の方向でショートしているというものだ。「暗くつく」というのは、アのかん電池はショートしているが、イの方はショートしていないというものだ。

討論の結果、次のように変わった。

つかない……二五人↓三一人
暗くつく………二人↓　三人
ふつうにつく……九人↓　三人

この人数の変化は面白い。「つかない」は六人も人数が増えている。ところが、「暗くつく」もわずか一人だが支持を増やしている。

つまり、ともに討論しても意見が動かなかった。どちらも、論拠があるためだ。「ふつうにつく」と考えていた子供たちだけが、「つかない」「暗くつく」の意見に圧倒されてぐらつくわけだ。

実験の結果は、暗くついた。

わずか「三名」の少数派が正しかったわけだ。このような体験は大切なことと思う。

真理は（学問は）、多数決原理になじまない。

このことを、学習の場で体験させてやることは、学習に対する基本的姿勢を作る上で不可欠のことと思う。

一つ山超え、また山が

次に小泉の回路（仮名）を検討した。

子供たちの予想は次のとおりだった。

明るくつく………一人
一個分である…二四人
かすか…………七人
つかない………〇人

永田の回路(仮名)の学習によって、「つかない」は〇人になっている。

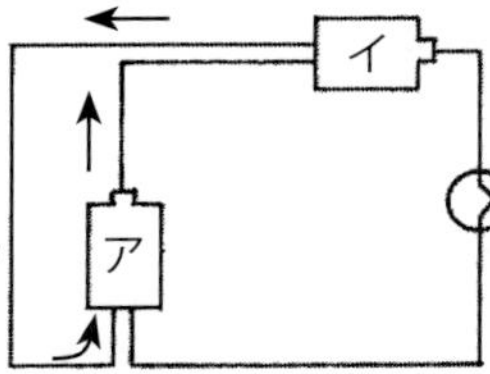

一個分であるというのは、アの電池が矢印のショート回路でダメになり、イの方だけがつくというものだ。

「明るくつく」というのは、ショート回路の他にア、イを含んだ直列つなぎの回路ができているというものだ。討論の結果、人数は大きく変わった。

明るくつく………一人↓二三人
一個分である…二四人↓一〇人
かすか…………七人↓　三人

「明るくつく」が大幅増加だ。実験の結果「一個分である」が正解だった。まちがいの方へ子供たちは意見を変えたわけだ。これもなかなか、貴重な体験といえる。

第3章

授業の原理

1 教育実習生と授業の原理

教育実習生の学生を何人か教えてきた。

「教える」ということは、ある意味で「学ぶ」ことだから、私自身いろいろと勉強になった。

私の尊敬する先輩、坂本茂信氏は、「教育実習を担当するのは、二、三年目の教師が一番いいんだ」と言っていた。

だから、若い教師がしばしば教育実習生の担当になっていた。

考えてみれば、銀行でも高級官僚でも、伴走して教えるのは二、三年先輩の者である。

それが一つのシステムになっている。

長い間、培われてきたシステムだから、「二、三年先輩が教える」方法には、良さがあるのだろう。

近年、教育界にも「新卒研修制度」ができた。

新卒研修はもともと必要なことだが、昨今の実態はすこぶる評判がわるい。

第一は、新卒教師に伴走する人が「退職教師」だということである。六〇歳の人間が二〇歳の人間を教えるのである。これには、かなりの無理がある。

経験が二、三年の教師を新卒担当にして、担当者の補教に退職教師をまわした方が、はるかにすっきりする。

評判のわるい理由の第二は、新卒教師を担当する退職教師の中に、「あまり勉強しなかった教師」がけっこういるということである。教える方が教育雑誌の三冊、五冊を読んでいなくて、研究授業の三〇回、五〇回をやったことがないのでは、かえって若い教師の意欲をそぐことになる。

新卒担当教師のレベルが低くて、どうにもがまんがならず、「教師をやめたい」と考えるようになった若い教師を何人か知っている。

これでは、せっかくの先の長い人材を殺してしまうことになる。

教師の中には、「問題教師ほど新卒担当になる」などと公然と言っている人もいる。

むろん、退職教師の中に立派な人も多いのだが、一方では、ふさわしくない人が新卒担当となり、せっかくの意欲を消耗させているのも現状である。

私が教育実習生を担当した時、次のような学級通信を出したことがある。

玉川大学の通信教育学部の学生が四名、調布大塚小学校に来ている。どの学生もすでに他の大学を卒業していて、教師になりたくて、通信教育学部の学生になった人たちである。教員養成系大学の学生よりも、ある意味で教師になりたいという、強い意志をもった人たちである。

S君が四年三組に来ている。男性である。彼は、動力機械工学とやらが専門であったそうだから、たいそう方向がちがっている。

教育学の基本の勉強も弱い。（ただし、私の学生時代よりましである。私はまるっきりなっていなかった。）しかし彼はとても素直であり、授業の準備をよくやってくる。寝る時間もほとんどなく、日誌も教材の研究もぎっしりとやって来る。しかも明るい好青年である。何か、今までの実習生とはちがった、素材を有している青年である。私は本気で教えようと思っている。

彼に、授業に先立って次の二つを注意した。授業の基本である。

A	教える内容が正確であること。
B	是認を分からせる立場を堅持すること。

「このためには、一時間一時間の授業に対する、最新の準備が必要である。この二つさえしっかりしていれば、それ以外の条件は、今のところはどうでもいいのだ」と話した。それ以外は、今の彼には小さな問題である。やがて教師になれば、身に付けていくことである。

しかし、この基本だけは、しっかりと身に付けなければならない。

彼に、国語の授業で、次の文を一時間で授業するよう指示した。

「ゆうべのうちに、まっ白な雪が、野も山も、うずめていました。」

これだけの文である。これを使って一時間でも授業できなければ教師ではない。

彼は、一字一句に至るまで辞書を引き、発問を考えてきた。それをさりげなく見た私は、それで一応合格と思った。

彼の発問は、すごくよいのとすごくわるいのとがまざっていた。しかし、よいものがまざっている(た)ということは、彼の可能性の大きさを意味している。

実習生の発問の評価

発問A　「作者の気持ちはどうですか?」

評…これはひどい。答えようがない。子供は一人も手を挙げなかった。

発問B　「あたりの様子は、どうなっていますか?」

評…これはまあまあである。かなりの子が反応した。

発問C　「雪は今ふっているのですか、やんでいるのですか?」

評…これはとてもよい。教室がさっと緊張した。

まだあるが省く。私は口を出し、一つ付け加えた。

「雪がうずめていたのは野と山だけですか？」

子供は口々にちがうと言う。

「野も山も□も□も□も□も」なのですね。□に言葉を入れなさい。」川、道、村、屋根、家。子供から意見がたくさん出た。こうして、情景がふくらんでいくのである。

彼の実習はあと二週間。昨日の全校遠足の時は、一組の子も二組の子も彼と遊んでいた。

S君の実習日誌に私は毎日コメントを書いた。その中から教師にも必要と思われる内容を拾い出してみよう。

授業の原則

〔正確な文〕

① 教師は、言葉、文が正確であることが大切です。君の「実習に当たっての文」を読んでみて、正直に言っていただけませんでした。しかし、今日の日誌の文は、かなり正確でその点見直しています。（主語・述語がきちんとした文を書く——これだけでいいのだが、これがなかなかできないのである。）

〔資質〕

② 第一印象から見る君の良さは、〝素直さ〟〝前向き〟にあると思います。そのことがある以上、他のことが少々（かなり）未熟であっても、必ず前進していくものです。（素直な人は他人の意見を受け入れる。前向きな人は本を読み勉強をする。）

〔プロ〕

③ プロの修業は、手とり足とり教えるものではありません。そうするのは、アマのうちです。どれだけのことを学んで帰れるかは、君しだいです。がんばってください。

〔価値〕

④ この日誌は、君との共同の作品です。私が、今まで考えてもいなかったことなどが出されてくれば、私にとっても、価値があるものとなります。

〔達意の文〕

⑤ 今日の日誌の文は、安心して読みとおせました。品がよく感じられました。
文は、名文や美文を書く必要はないのです。正確で意味の通じる文、つまり達意の文を書くことが大切です。若いころは（私もそうでしたが）、意味不明の文体、表現にあこがれるのですが、今思い起こすと、そういうのはかなりの悪文ではないでしょうか。

丸谷才一著『文章読本』（中公文庫）を勧めます。いつか読んでみてください。

〔組織化〕

⑥　席を替える方法は、どのようでもいいのです。公平さなどの配慮があればいいのです。大切なのは、児童を、その時から組織化することです。当番、係、日直、これらのしくみの中で、クラスは動きます。ジャンケンの方法については、少々哲学的な考えもあるのですが、いずれ。

〔名前〕

⑦　今日は不満が一つあります。日誌に子供の名前が一人も出ていないことです。漠然としていたと感じます。全員の名を何日で覚えられるか。教師としての一つの基本です。私は一日です。もちろん、それだけの努力もします。一日でなくてもいいのですが、「いつまでに覚える」と自分の心に決めて、意図的に努力をしなくてはいけません。

〔用語〕

⑧　少々専門的になりますが、「知識」を「認識させる」ということは、どんなことですか。また「未知」の「思考力」とは、ありえますか。教師としての専門の論文なら、こういう、あいまいな表現は許されません。（雑文なら別です。）

〔言葉〕

⑨「替える」でひとこと、「着替える」は「きかえる」と読みます。「きがえる」はまちがいです。ただし、名詞として使う場合は、(「きかえ」が正しいのですが)「きがえ」でもいいことになっています。ついでに「椅子にすわる」は、まちがいです。「すわる」と「こしかける」を辞書で引いてください。

〔側面・点〕

⑩私は、原則として、「教師側」という言葉を使いません。好みの問題かもしれませんが、あいまいできらいです。A学校側、B学校、C教師、A、B、Cの語の指示する内容は、どのようにちがうのですか？ ついでにそえると、次の例はまちがいです。「教育面で考えれば、まちがいは教育をしないという点である。」面と点を区別していないからです。

〔固有名詞〕

⑪子供の固有名詞を出して文を書くこと。もう三日目です。

〔原理〕

⑫常に原理から出発して授業を組み立てるということです。

〔遊ぶ〕

⑬　子供と遊んだことも同様です。できるだけ子供たちがＳ君を好きになり、群がるように配慮することも、私の仕事です。一緒に遊んで、子供たちは、大変喜んでいました。

〔届く〕

⑭　教室で話した言葉は、すべての子供に届いていなければなりません。

〔全員〕

⑮　すべての子供が「できた」か「できない」かを、必ず見ておかなければなりません。その方法は、いくつもあります。ただし、「分かりましたね」「分かりましたか」と言うのは、まずい方法です。事実を、たしかめにくいからです。

〔順序〕

⑯　何をどのような順で教えるか、はっきりしていなければなりません。そうでないと、授業中つまってしまうことがあるからです。授業が、だれるからです。ですから指導案が大切なのです。

〔学び続ける〕

⑰　「出来のよい実習生」が出来のよい教師になるとは限りません。仕事ができる、でき

ないかは、そういうことが、中心の問題ではありません。

仕事の腕を身に付けていく上で大切なのは、学び続けることです。〃学ぶ〃というのは、学生時代とはちがった面もあります。〃続ける〃というのは、文字どおり続けるです。意志を貫くことです。線香花火みたいではなく、持続するということこそ大切です。それ以外は、付随的な問題です。たとえ、君が、「教育学部」を出ていなくても、あるいは、学生時代、小さいころ、勉強が嫌いであっても、もの覚えがわるくても、そんなことはどうだっていいことなのです。

むしろ、そうしたことに思い上がる人に比べれば、はるかに〃出来のいい教師〃になれる可能性をもっています。教育実習とは、自分がどれだけできるかを確かめる場ではなく、自分がどれだけだめか、自分がどれほどできないかを、骨身にしみて、確認する場なのです。

〔原理〕

⑱ 本日の社会科の授業、原理は何か、原理をどう組み立てるか、という視点が欠けています。ふつう、その授業の中心になる原理(大切な点)は一つでいいのです。授業に入る前の指示などは立派でした。一昨日と見ちがえるようでした。

〔発問〕

⑲ 今日の国語の授業、面白かったです。発問のたびに、子供の反応がちがっていて私も勉強になりました。

> 発問には、A、限定性　B、具体性がなければいけないと思います。
>
> そうでないと、何を聞かれているのか、分からなくなるからです。

〔ゆっくり〕

⑳ 少ない、よいものを、ゆっくり考えることが大切です。子供の意見をたしかめ返していくことが、もっとあってよいです。

〔理解〕

㉑ 国語の授業に対する感想、これでよいと思います。

> 〈大切なこと〉
>
> A　あることを理解させるには、それと反対のこと、または、対比されるものを

出すといい。

B　対比に当たっては、課題が、具体的であるように心がけること。

〔失敗〕

㉒ 反省のところ、そのとおりです。実はプロとは、そういう経験と失敗を、何回も（少なくとも一〇〇回は）越えてきた人をいうと思うのです。

〔反応〕

㉓ 児童の反応がわるいのは、多くの場合、発問がわるいからです。

指示する内容がはっきりしない原因

A　声が小さい。

B　ごてごてしている。

C　述語（主語）がない。

D　指示範囲があいまいである。

〔討論〕

㉔　見ていても、だんだんとよくなるのが分かります。さてここまで、授業の基本的なかまえ、あり方を述べてみようと思います。

それは、「授業は、討論の形になることを、あこがれる」ということです。ある一つの、本質的な内容の理解に至るには、討論の形が、望ましいのです。いくつもの子供の意見が出て、その中から一つのものを探していく、これが最高の形です。したがって、そのためには、発問が、一時間の授業に耐えられる本質的なしっかりしたものでなくてはなりません。

「一〜一〇までの数をいくつかの集合に分けてみよう」などの発問は、かなりいいものです。

これだけで、一時間はできますから……。

〔指示〕

㉕　一年生に行った算数で「隣の人と、どちらが多いか予想を立て、ノートに書いてから、実際に比べなさい」の指示が行き渡らなかったのは、興味あることでした。

A　指示内容に問題がある。

㋐指示内容は、三つも含まれている。
㋑限定がされていない。〈比べる〉は、あいまいである。
㋒予想、ノート、比べる（実験）のどれかが、習熟されていない。

B　指示方法に問題がある。
㋐言葉だけで伝えようとする傾向がある。例・隣の人と……ノートの書き方。
㋑全体が理解したと確かめないですすむきらいがある。
㋒発問（言葉）が確定していない。

C　その他の条件がある。
㋐一年生には、無理である。
㋑その日は、何かの事件があった。（先生たちが来ている。）
㋒日頃から、あのようである。
㋓日頃は、他の方法、〈きつく叱る〉などで集中させている。

〔くり返し〕

㉖　急ぐと手ぬきとはちがいます。ドリル〈くり返しの練習〉をしながら、分かる子もいる、ということです。説明だけで分からなくても練習していくうちに分かる子がいる

ということです。

〔形式的な授業〕

㉗　A　実習生の授業の欠点は、頭の中だけで公式の展開で授業できると考えたことです。
・円の公式を理解する目標から考えれば、分かった子は、まず五人程度と思えます。
・「半径×円周÷2→から、円の面積を求める式を説明しなさい」という問題は答えられない子が大半でしょう。形は整っていましたが、よく準備もしたとも思いますが、授業の内容は、だめだと思います。形式的な授業の代表と思えます。

〔リズム〕

㉘　指示する内容が前と比べて、とても安定してきました。すっきりとしてきました。もう少し、リズムがあってもいいと思います。身ぶり、手ぶり、声の調子、そうしたことをすることによって、単調さがなくなります。

〔授業〕

㉙　研究授業は、S君が今までやった授業の中で一番よかったと思います。とにかく、「授業」として、考えられるものでしたから……。半海水魚について、どうすればいいのかを聞いた時、子供が答えにつまりました。君は、子供の考えを引き出そうと、必死

でした。あれが、授業なのだと思います。ああいうことこそ、授業の中心なのです。教師と子供の闘いです。

子供の意見が出なかったのは、主として、君の発問が「確定していなかった」ためですが、そういう時に、どうしたらいいかは、あのような場に直面して体で学んでいくほかはないのです。それ以外は、第二義的な問題です。ただし、形式的すぎる面があります。授業の本筋をはなれたところで、素人っぽく、いくつかの質問、〝どちらの輪をAにしますか?〟などをしたことです。授業の本筋を外そうとすることは、学習にとって、害の方が大きいのです。授業全体が、ぐらつくからです。

〈授業の方針〉

㉚ 算数の授業で、Mさんのことが書いてありますが、そこから明日の授業の方針を考えているのもよいと思いました。授業とは、そうした一つ一つのことを考えて組み立てるのだと思います。だから隣のクラスと全く同じになる授業は、あり得ないのです。子供一人一人がちがうからです。

〈具体物〉

㉛ 言葉だけで教えようとするから、むずかしいのです。具体物を準備するのです。

〔演技〕

㉜　学芸会、運動会の演技はそれぞれ同じですが、演技の内容は次のことに規定されるみたいです。

> Ⓐ　教師はどれほど高い質を、自分の頭に描けるか。
> Ⓑ　それを伝える方法（指導技術）をどれほど身に付けているか。

たとえば、

「みんな、みてみて　みてみて」

というセリフを言わせる時、四つの「みて」をすべてちがえて表現させることが必要だということです。

今読み返してみて、断片的ではあるが、授業についてのポイントを伝えようとしていたと思う。

2　教室で育てることの意義

教室は子供が生きていくための場であるが、しかし、それだけではない。
教室は子供が生きている場でもある。
その一瞬その一瞬を、子供は生きている。
教室は教師である私の仕事の場であるが、しかし、それだけではない。
教室は、教師である私が生きている場でもある。
その一瞬、その一瞬を、教師は子供と共に生きている。
だから、私は、子供たちと楽しい生活を送りたい。

授業を楽しく知性的にしたい。授業の中で「僕は勉強ができないな。勉強がいやだな」と思う子がいないようにしたい。
みんなで生きていくルールもしっかり教えたいけれど、でも、時々枠からはみ出るような子供がいた方がいい。全員がルールをしっかり守っていて他人が破るのを許さないような教室は、それはそれで立派だけど、私はそんなのは好かない。先生の目を盗んで、いたずらをくり返して、叱られて舌をペロリと出しているような子がいた方がいい。

いっぱいいいた方がいい。

「規律をいかにして守らせるか」などを、目くじら立てて話し合うのも、あまり好かない。楽しい生活があれば、子供は規律を守る。

一人一人の人間がいる。十人十色だ。みんな考えがちがう。だから、人生は面白い。

一人一人が集まって、何となく群れになる。そんな中に、好奇心が強いのがいて「あれやろう」ということになる。他の人も「それやろう」ということになる。ここから、集団が始まる。

同好会も、サークルも、労働組合も、政党も、親睦会も、研究会も、みんなこうして作られたのである。教室における子供たちも「あれやろう」と誰かが言い出して「それやろう」とみんなが言った時に、初めて集団になる。それまでは群れだ。

そういう集団の中でこそ、自分の役割も学べるし、「あれをどのようにやるか」という手続きも学べるし、「何をしてはいけないか」という規律も学べるのである。

「あれやろうか」「うんやろう」ということがなくて、手続きや規律だけを教えている教室があるらしいけれど、何か変じゃないかと思う。

私の教室では「あれやろう」「うん」という出来事がいっぱい出てくる。

ある時は「お別れパーティー」をやって、教室中がお菓子のお部屋のようになった。その時のテーマは、童話の中で読んだことのある、山のようなお菓子とお料理のお部屋を、この教室でこしらえようということだった。夢にまで見たお菓子の山、好きなだけ自由に食べていいお料理、おとぎのお部屋を作り上げた。

その時に、子供たちがグループ毎に書いた方針案は、三〇枚を超えていた。案内状もお礼状も書いた。会計報告ということもやった。天井まで飾りたてた。楽しいことだから、みんなスイスイやっていった。誰一人さぼる人もなく仕事を終えた人は自分から次の仕事を見つけてきた。

どれだけ仕事が不器用な子だって、どれほどトンチンカンに仕事をする子だって、大切な仲間だ。一人でも仲間はずれが出たら、つまらなくなることをみんな知っている。だから、不器用な子は不器用なりに仕事をやったって、誰も文句は言わない。時々、親切な女の子がそっと教えてくれる。

不器用な子でも、何回か仕事をくり返せば成長していく。いつの間にか、専門家になってしまう子もいる。

こうやって、子供たちは成長していく。

だけど、年に何回かは、私は子供と対立しなくてはならない時がある。

それは、私は子供たちの中にある「差別」を許せないからだ。かすかな部分でも、見逃せないからだ。

子供も、仲間の差別を見逃せないからだ。教師の差別を許せないからだ。

自由で平等でありたいと思ったって、完全にできるわけはない。悲しいけれど、それが現実だ。

だけど、自分の心情として許せないことは、何とかしなくてはいけないし、かすかなかすかな差別にも敏感でなくてはならないと思う。

でも、私の場合は、自分で九五点ぐらいがんばったと思っているのだけれど、教え子からすると六〇点ぐらいらしい。卒業して、五、六年すると、かつての出来事を批判する手紙を寄こす子が、一、二名いるからだ。

私はそうした手紙を今までも公表してきた。自分の技量の低さの証明だけれど、しかたがない。技量は未熟だけど、誠実さだけは失いたくない。

これからも、教育の事実に誠実であり続けたいと思う。

第4章

「だめだ」と思ったところから出発する

1　クラス対抗リレー圧倒的四位（運動会練習）

一九七二年度から、大四小（大森第四小学校）の運動会の種目が変化した。徒競走がなくなり、学級対抗リレーになったのである。選手による紅白対抗リレーも廃止になった。授業参観の場で一部の子供だけが演ずる種目をしなくてもよいという理由であった。もし、選手リレーがよいのであれば、「上手な子だけの音楽会」「算数のチャンピオン大会」みたいなものもよいという理屈になる。今まであったものを廃止するのは、抵抗も大きかったが、よく考えてみれば変だということになって、廃止された。

また、徒競走は大切な種目であるが、別に徒競走にこだわらなくてもよいことになった。十名からのリレーであるから、どこが勝っているのか分からなくなる。そのため、全員の胸にゼッケンが付けられた。ゼッケンを付けた子供たちは、大喜びであった。これは結果として、多くの親と子供に大好評であった。

まず、かけっこがおそくて運動の嫌いだった子が喜んだ。学級対抗リレーになったので、クラスの中がまとまった。また、全員が出場するので、トレーニング、バトンタッチの練習が盛んになり、体力が増加した。学級対抗リレーの集団の凝集力は、紅白対抗リレーなど比較にならなかった。学級集団の巨大なエネルギーが発揮されていくのである。当時の学級通信に運動会練習のことを載せた。

〔特報〕クラス対抗リレー、圧倒的四位（運動会練習）

運動会の種目等が今年から、少し変わる。クラス対抗リレーというのが加わった。今日は、そのためのバトンタッチの練習を学年合同で行い、対抗リレーの練習をした。

それがすごい、男女とも断然四位（ビリということです）だった。一位から、離されること一周、二、三位から離されること半周。しおらしいからか、おしとやかだからか、のど自慢大会みたいな（文化的?・）ものに向いているからか、みるみるうちに一周の差がついた。

男女そろって、こういうベタ負けはいいことだ。子供はくやしかろうが、それだからいいのだ。問題は、それをしょうがないことで済ますのか、そこから何を学ぶのかである。この方向を見つけることこそが、何よりも大切なことだからだ。子供たちの話し合いの中から、マル秘作戦が出てきそうだ。二、三位争いにくいこめたら立派なもの。乞、ご期待といきたい。

2　運動会を終えて

〈運動会レポート〉

○クラス対抗リレー、男子一位、女子二位、「やったあ」と心の中でさけんだ。練習の時は、必ずといっていいほどビリだった。初めは一位と一周の差がついていた。圧倒的なビリだった。その当時、私は三位争いにくいこめれば上等と思っていた。それが一位、二位だからいうことなし。子供たちも大変だった。リレーで負ける原因を二つ話し合った。

一つは、一〇〇メートルを全力で走る体力をつけること。

一つは、バトンタッチをうまくやること。

一〇〇メートルを走る体力をつけるために、遊びが変わった。今まで数人で動かずにいた遊びや男子の野球がなくなり、全員で走りまわる遊びになった。

「おまわりどろぼう」と「手つなぎおに」である。これは、学級全員で、男子と女子と一緒でないとつまらないので、休み時間になるとさそい合って運動場に出た。教室は一人もいなくなった。こうして遊びの変化が起きた。

朝来たら、校庭を二周走るのも、学級で申し合わされた。

バトンタッチについては、もらう人、渡す人が全力で走っている時にバトンを渡す原則が確認された。

止まって渡すのと、走って渡すのでは二秒の差が出る。それは約一〇メートルに匹敵する。従って、足が速い子もバトン・タッチがへたならそれでだめ。子供の判断の目は、バトンタッチにそそがれるようになった。

そして技術的なことが加わった。もらう人は、前走者が二メートルに近づいたら走り出す。その時、顔は前を向く。手は腰のところに安定する。渡す人は、前の人をおいぬいて渡す。途中でスピードを止めてはだめ。バトンを渡すのは前走者の役目。もらう人は、腰の手に渡されたのをにぎるだけでよい、などなど……。

○四年生のバトンタッチが、実に見事だったと何人もの先生から言われた。五、六年生の子供たちも、うなって見ていたそうな。四年生全員が流れるようにバトンタッチをすることが、多くの人々の目にとまったらしい。

○昔から目立つ場所は、いつも「優等生」とかいわれる人種がしめてきた。テストの成績のよい子か、親が有力者であったりした。たとえば、劇の主役、総代、学級委員、児童会長などなど。苦い思い出のある保護者は多いだろう。

大四小では、何年も前からこうしたことをなくしてきた。この一、二年は完全といっていいほどなくなった。

運動会でも、子供たちは自分の希望で実行委員会に入る。教師が割り当てはしない。その実行委員会で何をするかも子供が話し合って決める。四年生の戸田が応援団長になったのは、実行委員会の中で立候補したためであり、教師の指名によるものではない。全体実行委員会委員長もこうして決まる。希望が多い時は、くじびき等で決められる。どのような子でも、「やりたい」という意志さえあればよいわけだ。それから先は、教師の指導によって成長させられていく。応援団の子供たちが見事であった裏には、そこまで成長させた担当教師の指導や、大四小全体の意志があったことは言うまでもない。

○私は、開閉会式実行委員会を担当した。F先生と二人で……。「式とは何か」「流れをどうするか」「どんな分担が必要か」「誰がどこをやるか」などが実行委員会で話し合われる。こうした話し合いを徹底しておかないと、後で力になってこない。

その上で、司会、ちかいの言葉、プラカード持ちなどが厳しく指導される。たった五〇字程度を言うのに、間《ま》のとり方、速さ、感情等がくり返しくり返し練習される。厳しい練習であればあるほど本番でものをいうからだ。ひとたびマイクの前に立てば、どんなハプニングも司会の一存で処理しなければならない。しかも瞬間的に。こうした過程で子供たちは成長していく。

○今や花笠おどりは大四小の名物になりつつある。笠に付いている花が、四の二のはよれよれだった。それを見た、前年の教え子（中学一年）たちが五束ほど、紙を買ってきて、花を作り、付けかえてくれた。

Tさんや Nさんの姉さんたちだった。ちょうど運動会の昼休みの時だったが、自分たちの食事もせずにせっせとやってくれた。私がたのんだわけではない。ごく自然にやってくれているのだ。何の気負った風も見せずに、四年生の子は、中学生の姉さんたちに群がってうれしそうに付けてもらっている。何ともいえずいい光景だった。途中で紙が足りなくなり買いにゆき、終わりの一人、二人でまた足りなくなって買いにゆき、その時は時間ぎれで、午後の部が始まる寸前だった。息をきらして買ってきた子と、階段の下で合った。

「ああ、間に合わなかった!!」とその子は言った。最後の一人二人まで努力をつくすことにも心をうたれた。

○学年での話し合いの時、リレーと器械体操は体育の授業であると話し合った。それで、演技の時は、景気づけの音楽を鳴らさなかった。応援も遠慮してもらった。授業の発表なら、子供の姿こそ見てもらおうと思ったからである。まだまだ質は高くはないが、そうした基本的姿勢は、はっきりさせておきたかったからである。

○器械体操は地味であったが、私はとてもよかったと思っている。跳び箱一つを見ても、四年全員が一人残らず跳べるようになったことにどれだけ深い意味があることか。四年三組の子が、跳び箱の時、拍手をしていた。練習の時、なかなか跳べるようにならなかった子だ。その子が跳べたのを見て思わず拍手をしたのだろう。何とすばらしいことではないか。そこまでの連帯と、そこまでの集団が作られているということは……。子供たちのきびきびした動作を見て、S先生がおどろきの声を上げていた。その率直な喜びもまたよしである。

○学級対抗リレーの人数をそろえるのに苦労した。各クラス人数にアンバランスがあって、病気で抜ける子も出るからだ。最終的に男子二〇人、女子一四人となった。

〈クラスで二度走る子がいる。これも公平にと機械的に決める。つまり、身長順に並んで、真ん中の子が二度走るのである。だから、二度走った子がよいというわけではない。当然とはいえ、こういうところまで神経は使う。〉

3 保護者の反応

運動会が終わった後、保護者から次のような反応があった。

Bさんの保護者

運動会、とても楽しく見せていただきました。はじめは、徒競走のない運動会など考えられませんでした。でも、各学年の対抗リレーのすばらしさ。会場が熱気にあふれ、私もあたりかまわず大声を出し声援いたしました。

特に四年生のリレーは、会場をわかせたようでした。一位と二位。たしかに殊勲賞だった子供がいたわけですが、全員力を合わせ、得た勝利。本当に一人一人に拍手を送りたい気持ちでいっぱいです。

私も運動会はびりの思い出が多く、いつも苦痛でした。今年はびりや苦痛の思い出を残す人は一人としていなかったのではないでしょうか。

〈向山〉運動会徒競走のびりの思い出は、いつまでも苦痛として残るものです。それを何とか改革しようとした今年の運動会。それへの支持を心強く思います。他学年の中でも圧倒的に支持が多いのですが、一つ二つ、徒競走の方がよいという声もあったと耳にしましたので……。（子供にとってどちらが得るものが多いのかが大切だと思います。）

Cさんの保護者

運動会も晴天に恵まれ楽しい一日でした。今までに見ない全員の子供たちのための運動会であったように思いました。

個人競走でなく、一人一人の力を集めて協力し合い、はげまし合って大きな力となりそれをぶつけ合うことこそ、本当の運動会のように思います。

先生の言われるままに、形式的なものを教わって動く子供とは全くちがい、積極的な子供の姿を目にして胸をうたれました。花笠おどりも見ているだけで楽しくなりました。三年以上でなく全校の子供たちでやれば、いっそう楽しいものになったのではないかと感じました。

〈向山〉運動会のねらい、私も全く同感です。子供の動きがそれを物語ります。その質をさらにさらに高めなくてはと思います。

第5章

教室のまわり

1　音楽会

教師は時として、教育の名のもとに無理なことを子供に求める。これは新卒二年目の時のことである。次の文章は、当時の学級通信である。


子供対象の音楽教室が大一小（大森第一小学校）で行われた。

教育委員会と区音楽研究部で準備したものだ。音楽の先生方としては、できたらなまの音楽を！　との親心からの企画であろう。そこで、一四〇円を集金しての興行となった。

なにせ、体育館の中に、八〇〇人もの子供をつめこむのだから大変だ。しかも、大二小・大四小の二校の四～六年の身体の大きい子供たちをだ。

ぎっしりつまって、身動きがとれない。前が見えない。舞台が見えない。おまけに暑い。

これ以上、非人間的なことはないだろうと思える環境で、音楽を聴くことになった。

司会をしていた山王小の音楽の先生は、司会のあいまに「大四小はうるさいですね」

と何度も言う。ことごとく二校を比べるのだ。

私にしてみれば、とっても静かに思えるのだ。（事実、その日の四回興行のうち、一番静かだったそうだ。）とてもではないけれど、子供のがまん強さにおどろいたものだ。

しかも、へたな司会をやめて、演奏が始まればシーンとなる。へたな司会の時には、大人といえども、ひとことふたこと言葉が出ようというものである。

しかし司会がしつこい。「演奏中、頭を動かす人が大四小にいます」と、ことごとく、大四小をけなす。がまんができなくなった。

「じょうだんじゃない。音楽を聞いて、そのリズムにとけこんだら、自然に身体は動こうというものだし、まして前が見えなければ身体は動くだろうし、足がしびれれば動くに決まっている、それを『動くな』とは、何を言ってやがる」と思った。（新卒二年目の時です。）

一番うしろにいた、TさんとIさんが、うしろにあった跳び箱にすわってしまった。これなら静かだし、頭が動かないというものだ。私は内心「やったな」と思った。もっとやれやれとほくそえんでいた。

それが、また、よけいな他校の教師がいるもので、おりろと言っている。演奏中にだ。二人とも、なかなかおりない。「いいぞ、もっとがんばれ」なんて、私はひそかに二人を応援した。教師も教師なら、子供も子供で双方ともにいなおった。一四〇円とられて、ぎっしりつめこまれて、暑くて、前が見えなくて、しびれがきて、それをがまんしていれば「頭が動く」の「二、三人話した」のと言われ、それで静かになる神経なんか、もち合わせていない。

あんなに非人間的にあつかえるのは、教師だからこそだと思った。大四小の先生、みんなそう思っていた。（この学級通信は、私が二八歳の時のものである。文も気持ちも若かった。）

2　学芸会オーディション

〈学芸会レポート〉

○学芸会が一カ月後にせまった。四年生は、劇と音楽を予定している。音楽は、リトミックのような、動作のあるものである。学年のもち時間は三〇分間。三〇分間で二つともやるのである。しかも、全員を舞台にのせるのである。劇、四〇人余、音楽、六〇人余である。多少のぎくしゃくがあっても、それはやむをえない。

○劇は「光れココロ星」である。六年生で演じたことがある。日常生活の中に、SFの要素をまぜた楽しい作品である。劇に出演する子を決めるためのオーディションを行った。その結果については、子供たちにプリントで渡してある。

　実に七二人の子供たちが立候補した。どの子にもやらせたいが、とてもそんな人数は入れられない。もともとキャストが二〇人余の脚本である。

　したがって、オーディション（実技テスト）をしたのである。

○条件の唯一絶対のものは、舞台で声を出して、体育館のうしろまで届くということである。マイクを使わず、しかも人様に見せるために演じる以上、この条件はいたしかたがない。その代わり、言い方が上手だろうが、へただろうが、そういうことはどうでもいいと言った。

これを三人の教師と一人の教生で採点した。Aならば、無条件合格、Cならば失格である。Bから選ぶ子が多かったのであるが、声の大きさが同じなら、今まで、そういうことを経験していない子を採用した。

はれやかな役は、できるだけ多くの子に機会を与えたいのである。

○それと共に、私には一つの確信があった。いわゆる「優等生」を軸とした、無難な芝居より、やんちゃ坊主、腕白坊主を集めた芝居の方が、生き生きするということをである。

やんちゃ坊主、腕白坊主は、たしかにセリフが頭に入るのがおそい。まして、役に入るのは、すごく時間がかかる。しかも坊主どもは、初めは、すごくしりごみをしていて、さまにならないのである。

しかし、厳しい練習を経ているうちに、みるみる活発になり生き生きとしてくる。自分に自信をもつようになる。行事とは、そうした場でもあるのだ。

○女の子といさかいをして「バカヤロー」というセリフがある。たとえばこれしか書いてないセリフの動作にしても、いろいろと考えることはできる。

（女の子）　日誌を荒々しく渡して帰ろうとする。
（男の子）　突き返そうとする。
（女の子）　横目で見て、「ふん」と言って帰っていく。
（男の子）　日誌を投げつける。
（女の子）　無視して走っていく。
（男の子）　追いかけ机の上に跳び乗る。そこで叫ぶ「バカヤロー」。
このようにである。

3　学芸会の科学

学芸会の練習についての子どもの作文を、二つ紹介する。

学芸会の練習　Y・I

「はいこれくばって」と、わらばん紙を手わたされた。その内ようは学芸会のはい役だった。私が、目を通して始めに目に入ったのが、ナレーター(＝私)というところだった。私はとてもうれしかった。一年の時も、歌でも何でもいいから、役をやってみたかったのだ。顔は見えないけど、げきに出られて、マイクも使えるということでじゅう分満足だ。

先生がれん習の日にちを書いた。私は、れん習がとてもすきだ。私のセリフは、ほんの少ししかないけど覚えやすいし、体が出ないから上がらなくてとてもいい役だ。

れん習の時、他の人がやっているのを見ていると、わらったりしながら楽に見ているけど、いざ自分の番になると、とてもドキドキして、上がってしまう。みんなのを見ていると、オーバーのように見えるけど、それくらいにしないといけないんだなあということがわかった。

げきのれん習でおもしろかったのは、サルのまねをしたり、インベーダーのせっきんを、くふうしたりしたところだ。このげきは、おもしろさがあったり、地球人の子どもの宝をおしえたり、とてもいいげきだと思う。

向山先生や、他の先生も、このげきをよくしようとがんばって、みんな練習をしてがんばっているのだから、私もできるかぎりのことをしてがんばろうと思う。げきのれん習をして分かったことは、みんなでがんばって、れん習にれん習をかさねて、やっといいげきができるということだ。

げきのれんしゅう　Y・H

ぼくはげきにでます。いつも向山先生やK先生がおしえてくれます。先生はげきのことがしんぱいで、いつも「ストップ」といって、ここをこうしろといいます。でも先生は、げきのれんしゅうが終わったら「なかなかうまくなった」と、ほめてくれます。

向山先生はおもしろい先生です。いつもげきをたのしくやってくれるからです。木村先生は、ときどき大声でわらいます。だからぼくは、げきのれんしゅうが大すきです。

学芸会の練習が私は好きである。

演出とは、つまり何もないところに何を描いていけるかが第一だと思う。（第二は、人それぞれの特質を引き出し、つなげていくことである。）

たとえば「金魚ばちを運んでくる」というト書があるとする。こういう時、ふつうにそのままやらせても、何も面白くない。楽しくない。私は、まず、「三通りほど別々のやり方をしてごらん」と言う。

「三通り」ぐらいの指示だと、通る道がちがうだけの、変化のないものが出る。そこで、私は「途中でころびそうになってごらん」と付け加える。途中でころびそうになると、見ている子供たちがわく。こうやって、一つ一つちがうやり方を考えさせて、十通りぐらいさせてみる。その中からよいのをみんなで選ぶのである。ここのところが教育なのである。「金魚ばちを運んでくる」という、たった一行のト書を、どこまでふくらませ、どこまで指導していけるかによって、授業の質がちがってくるのである。

この学芸会の時、「ナレーター」役の希望者が多かった。しかし、もともと、この劇に「ナレーター」役は、それほど必要ではなかった。でも、四年生の担任は、ぜひとも「マイクを使ったナレーター役」を作ろうと考えていたのである。

それは、重度の心臓病である女の子がいて、その子をどう生かしていくかが私たちのテーマであったからである。この子が一年の時から、私は保護者とよく話し合っていたが、四年生になった時に交わした言葉を今でも覚えている。

「病気のことはお医者にまかせましょう。しかし、彼女が小学校四年生として、他の子以上に豊かに生きていくようにさせることは私たちの仕事です。

彼女にも、他の子と同様、豊かですばらしい人生をひらいてあげましょう。それが私ども教師の仕事なのです。そして母親の仕事です。」

階段の上り下りは、他の子がオンブしていた。この子は、聡明な、明るい子であった。

この心臓病の子が前出の、「学芸会でナレーターになれた」と喜んでいるY・Iさんなのである。なお、Y・Iさんは六年生の時「心臓病なんてけとばしちゃえ」という作文で大田区国際障害年作文コンクールで、最優秀賞に選ばれた。

この子の痛みを、私たち四年生担任はできるだけ受け止めようとしたが、どこまで、できたことか……。

4　家庭学習の原則

家庭訪問でよく聞かれることがある。一日二時間ほどの家庭学習の目安についてである。

「一日に二時間勉強しなければならないのでしょうか？」

どうも話というのは、結論だけが独り歩きしていく気がする。どういう考えでどういうことが望まれるのかが、いつのまにかぬけおちていくのだ。

「家庭では勉強しなくていい。学校で勉強すればいい。」これは大切な原則である。しかし、これだけでは不十分な面があったり、ぬけおちる面があることも経験上かなり分かっていることである。

そこで原則は認めた上で、「家庭学習は必要である」という前提を設ける。その時に、どういう考えで、何をしたらいいのかが問題になる。

○その一、「教科内容がたくさんあるので子供が消化不良を起こしている。（新聞等でよく知られていることである。）その埋め合わせを家庭でしなければならない。」これも一つの考えである。しかし私はこうした考えに賛成できない。

○その二、「毎日くり返す練習（ドリル）は、家で子供がやるようにする必要がある。たとえば、漢字の練習とか計算の練習とかである。」私は、この必要性は痛感している。つまり「読み、書き、算」という基本の練習、くり返しの練習は、家庭学習として必要なのではないかということである。
○その三、感覚的なものもある。「家庭での勉強が必要に感じる。」「必要に感じない。」他の人たちがどうであるか、社会的風潮がどうであるかに大きく左右されるが、妥当な場合も多い。
○その四、基準をはっきりさせたのもある。目安にしやすいからである。「家庭学習の目安は、学年かける二〇分である。」したがって一年は二〇分、四年は一時間二〇分、中三は三時間である。
　学力を伸ばし定着させるためには、この程度が必要であるという多年の実践から出された目安である。
○その五、全く無名の、しかも程度の低い教師の別の角度からの基準もある。知っている人は知っているし、知らない人は全く知らないという向山洋一氏の所論である。
「机に向かわせる時間が二時間となり、それが習慣化されることが望ましい」というものである。注意すべきは、「机に向かう」であって「勉強する」と言っていないことである。本を読む、地図を見る、日記を書くなども含まれるのである。

この言葉は、少々哲学的な意味をもっている。

第一は、人間の才能の中で、習慣化された努力の持続性を最高においていることである。第二は、習慣化される時間は二時間程度としていることである。カントが「すべての人は、毎日あることを二時間努力すれば、その道でやがて世界有数の人となる」と言っている。同様のことを言う人も多くある。

やがて、自分の進むべき道が分かり、そこで自分の可能性を伸ばしたいのなら、二時間の努力を自分に課し、それをやりとげられるように自分をきたえなさい、と子供に伝えたいのである。習慣化するには時間もかかり、苦痛もある。だからこそ、その力は他に代えがたいのである。しかし、個々の子供の事情は異なる。その調整は親がしてあげる必要がある。

5　子供

　数十年教師修業をすると、いくつかの悔いをまじえた思い出もある。Aさんは、背のすらりとした明るいスポーツマンであった。知能テストの結果もクラスで一番よく、成績も上位で女の子にもすごく人気があった。ただ、この子は漢字の練習は全く（完全に全く）しなかった。頭の回転もよく読解テストなどはできるから、平均点はよかった。私は一抹の不安をおぼえ、本人、親とも何度か話し合ったが、いつも三日坊主で終わっていた。「今のうちは遊んでいても、やがてやるようになる」「いつかやります」というまわりや本人の言葉に、そうかもしれないと私もいつしか同意し始めていた。

　しかし、中学になっても変わらなかった。他の勉強も全くしなくなった。居心地がよい方へ流れ、努力を必要とすることも全くしなくなった。学問の世界は甘くはない。中学を出るころ、彼はどんじりの成績となる。中学を出て職を得て、いくつかの職を転々とした。

　彼は今一応は幸せそうである。人の生き方はいろいろあるからそれでもよい。しかし、担任としては、もっと多くの可能性を彼に示しえたはずであるという悔いが残る。どうしてあの時に、もっともっと、一抹の不安を追求しておかなかったのかという悔いである。

Bさんは、何をさせても不器用であった。日記を毎日きちんと書くし、漢字の練習もきちんとするが、担任して三年間、日記は相変わらずへたであった。算数も計算以外はほとんどだめであった。体育もまるでだめ。成績はCの上か、Bの下であった。私は、励ます言葉もなくなり、「二〇年かかろうが、二〇年かかろうが、力を尽くせばよい。必ず伸びる」と、言ったものだった。中学に入っても相変わらずであった。「向山先生の言葉だけを信じていた」と後で母親が語っていた。中二の終わり、「英語　学年一位、社会　学年一位、国語　四位、算数　六位」という便りを受け取った。苦節五年である。

6　夏休みの出来事

夏休みには、いろいろなことがある。

子供には子供の生活があるように、教師にも教師の生活がある。そんなことを、学級通信に載せることがある。

アンバランス

○夏休みの宿題

A　二五メートル以上泳げるようになること。

B　①日記を毎日書くこと。②自由研究、自由作品一点以上。

C　①夏休みドリル。(習っていないのはぬかしてよい。)②漢字ドリル、各漢字五回ずつ。

D　家の中の仕事を一つ以上受けもち、夏休み中続けること。

○夏休みの登校日

八月一五日　全校登校日　　八月二九日　四年登校日(水着持参)

ただし、この日に出かける予定の者は登校しなくてよい。

〈夏休みレポート〉一九七二年

○八月一日から八月一四日まで、山形県志津の学生村へ行ってきた。山形から急行バスで二時間半の山の中だった。人家数一五戸。三階建てのつたや旅館へとまった。六畳一間の部屋だが、新築そうそうで、月山のながめもよいところだった。

一泊三食で一人千円。学生村としては高いが、旅館としては格安だ。

朝から夜まで勉強にあけくれた。山の中なので、何にもない。風呂と散歩がてらのトンボとりが、遊びみたいなものだ。夜一〇時には、酒を飲むことにしていたから、ひそかに持ちこんだウイスキーもきれいに飲んでしまった。

おかげで勉強はできた。大学ノート六冊も足りなくなった。ちょっとした論文の骨子も出来上がった。家内もはかどったみたいだった。

泊まり客は他にも一四、五人いた。みんな大学受験をひかえた高校生だった。時々数学やら物理やらを聞きにこられ、そのたびに家内と大さわぎだった。

大学の入試問題は、一種の技術が必要で、そんなものは一〇年も昔に忘れてしまっているからだ。

それにしても、学生村へ来て勉強しているのが高校生だけだとは、日本の進学体制のゆがみを象徴しているみたいであった。
帰りは宿に泊まっていた工事の現場監督に、東京まで車に乗せてもらった。

○八月一九日から二一日まで、京浜教育サークルの仲間たちと、群馬県下久保ダムの近くで合宿をした。

京浜教育とは、抵抗のある名前で、たまに「京浜安保共闘とどういう関係があるのか」などと聞かれる。むろん関係はない。

戦前に、東北地方で行われていた綴方教育を中心にした優れた教育実践を総称して〝北方性教育〟という。我々が五年前に教師になった時、その北方性教育の心を受けつぎ、工業地帯の中から優れた教育実践を創り上げていこうと決意し、京浜工業地帯に代表される京浜の名をとってサークル名とした。

京浜安保共闘なるものがどこかで作られたのは、それから一年もしてからだった。したがって、全く関係がない。（いちいちことわりを付けなければならないので、いたく迷惑をしている。）

サークルでは〝算数における分かるとは何か〟〝一九五〇年代教育実践をどう受け

けつぎ、一九七〇年代実践を展望するか〃などのレポートをもとに討議をした。

また、四日市で行われた公害教育集会の報告、日本作文の会の研究集会の報告、石黒先生のヨーロッパ旅行の報告などが行われた。

○八月二三日、二四日と、都教組大田支部主催の合宿教研に参加をした。〃子供をどう捉えるか〃〃子供にとって分かるとは何か〃をテーマに討議をするのである。

京浜教育サークルからも、私とI先生がレポーター（報告者）となった。教師自身が心ならずも差別教育の一翼をになわざるをえない実態を反省し、それを拒否し、本物の教育を志向する中から真の民主教育は創られていくという報告であった。誰かが一人反論すると、我々のサークルは一〇言も二〇言も再反論をするのであるが、多くの人々に論争をとおして理解されていったようであった。

我々は少数派なのだということを肝に銘じ、厳しい教育実践の事実の中から、仲間を増やしていく努力をせねばならないと思った。（この時のレポートは、後日、大西忠治氏に届けられた。そして、これが後のドラマの伏線になった。）

〈二五メートル完泳一六人に〉

ほとんどの子が、真黒な顔をして姿を現した。どの子も一段とたくましくなった。

七月に水泳が始まった時、二五メートル泳げた子はTさんだけだった。水に浮かない子が五、六人いて、横八メートルを泳げない子が十数人いた。

私自身が、大学生の時まで泳げなかったせいもあって、泳げない子のつらさは、よく分かる。授業の時の泳げない子の特訓、学校全体の泳げない子の特訓で、浮けない子はいなくなった。ほとんどの子が八メートルはすすむようになった。夏休みのプールも、ぜひとも参加するよう強く言ったのであるが、そのせいか、二五メートル完泳者が一六人にもなった。実にすばらしいことだ。SさんとMさんは、七月初めに水にも浮けなかったのが、二五メートル泳げるようになった。よくがんばったと思う。

〈夏休みの作品〉

夏休み中の力作がいろいろ出そろった。作文、日記、絵、工作、研究物、どれもこれも力作であった。作品は、見栄えのするのがいいのではない。どれだけそこに、子供の熱意が込められているかが大切なのだ。親の手を借りた作品が一、二あった。むろん引き取ってもらった。「お母さんは大変上手なのがよく分かりましたと伝えなさい」と言って。手伝いたい親の気持ちも分かるが、それこそ「役に立たない心配」なのだから。

私は、そういうところはいじわるだから、念をおしておく。心当たりのある保護者の方、恥ずかしく思って「先生ったら何もあんなこと言わなくていいでしょう!!」とプンプンしてもらって、いっこうにさしつかえない。

京浜教育サークル時代の女性の先生は、小学生の時、親に手伝ってもらった作品を出したそうだ。すごくうまいと思っているのに、先生はほめてくれるどころか、「あっ、これは親が手伝ったからだめ」と言われたそうだ。その代わりに、見栄えのしないゴテゴテした他の子の作品を、よくいっしょうけんめいやったとほめているのだそうだ。それ以来、考え方が一変したという。どれだけ大変でも自分の力でやるようになったという。(今、思い出しても、彼女にとって一番すばらしい先生だったという。)

7　大人の常識・男の美学

(1) へ理屈

「僕は学生に、へ理屈をもっと言いなさいと教えています」と、ある会合で大学の教師が言った。ある有名女子大の教授である。私は「へ理屈」という言葉のもつ意味とひびきがよく分かる。そして、これは多分、女性には分からない男の美学であろうと思う。

「理論的に考え、骨太な論理を構築しなさい」と表現することに、ある種の照れを感じるのである。私が研究授業をした後、協議会となり、年配の女の先生から質問が出たことがある。「たしかによく発言するけど、へ理屈みたいなところがある?」と。

同席していた、ある大学の文学部の先生が言った。「そうですよ。へ理屈の言える子供を育てるのです。」私には、その〝へりくつ〟のもつひびきがよく理解できた。

(2) 貧しい発想

生活指導主任会の宿泊研究に行ってきたことがある。いろいろな情報も交換する。「教室の中にテストの点を貼り出す人がいた」ということも聞いた。短大卒の新卒の先生が困ってやったものだという。テスト結果を貼り出すことしかできなかったのだろうが、そのあまりにも貧しい発想に、一同はおどろいたのであった。

子供を教育するとは、単に点をとらせることだけを目的とするのではない。子供の生命力、学問に対する誠実さ、それらを背景とした学力を育てるのである。文部省といえども、日教組といえども、大学の教師といえど、小学校の教師といえど、〝テストをはり出す〟という教育方法(?)は、最も品性のない、非学問的な、非教育的な方法と判断するであろう。それは、日本のみではなく、世界中の教育の場でも認められない方法である。困るのは、こういう方法がよいと頑固に信じる、きわめて少数の人が存在することである。

(3) 保護者の影響

「わたしなんか高校も行ってないし、息子も頭がわるいし、せいいっぱいやっていれば、いいと思ってるの……。」昔の教え子の母親との会話である。家庭訪問での話である。「そうですね。彼は頭もよくないから、そのことを自分に言いきかせて、挑戦し、努力が続けられる人になるのが大切ですね」と僕は言った。スポーツも、委員会も、勉強を努力することもよくやった子だった。母親の謙虚さは一貫していた。彼は、教育大駒場から東大にすすんだが、それを支えたのは母親だと思っている。すばらしいなと思う子の母親は、例外なく、そのような謙虚さをもっていた。

この学校に赴任してまもないころである。上の学年の子がやってきて「先生、うちのお父さん東大出たんだよ」と言ってきた。「そうか、船には大切だもんな」と言ったら、憤然と「ちがうよ、大学だよ」と返ってきたので、「どこの大学なの?」と聞き返した。その地域には親が東大を出た人も多いし、両親とも東大の人もいる。しかし子供には、レッテルだけの誇りを与えてはいけないと思う。その子にとっては、父親が東大出だけが心の支えで、他のことはまるできたえられていなかった。

(4) 子供のケンカ

昔は町でも村でも子供たちの集団があったものである。六年生ぐらいがボスとなり、低学年の子を子分にして、群れをなしていた。中にはいじめられる子もいて、泣き泣きついていく時もあった。どれだけいじめられても、泣き泣きついていくのである。時には、ボスがそうした子をかばって、ある役割を与えることがあった。こうした集団の中で、子供たちはいろいろなことを学んだ。こうした集団を通過しないと、大人になって精神障害を起こしやすいと、ある学者たちは研究を発表した。

〝泣き泣きついていく〟というのは、大切なことでもあったのである。

しかし中には、きわめてわけの分からない親がいて、子供のケンカに口出しをする時もあった。東京では、そうした場合、「子供のケンカに親が出た。ワーイ」とはやし立てたものだった。

親が出れば、その親の子をいじめなくはなる。しかし、しかしである。子供たちはその子を相手にしなくなる。無視をし始めるのである。

無視された方は、物をあげて相手をつろうとする。ぬすみ、万引きをする子も、こうしたことが原因になっていることが多い。

運がいい時はそれは発見されるのだが、運がわるいことにそうした親に限って「うちの子は、そんなわるいことはしない」と、他人に責任をかぶせる。かわいそうなのはその子で、ますます誰からも相手にされなくなっていく。

ちょっとしたいさかいや、わるいことをすることは誰にでもあることなのだ。大きな傷などの場合は別だが、ささいなことで親が子供のいさかいに、(まして他人の子供に)口出しをすると、それは自分の子供にはね返ってくるものなのだ。親がわるくてそうなるのに、それをたなに上げる人が、きわめてまれに存在する。

(5) 母の不安

私が小学校の三年のころだったろうか。母からお使いを頼まれた。

「トクホンと砂糖を買ってきて」と言われ、お金を渡された。私は一目散で商店街に走った。走りながら用件を考えた。〈何で、本〈ホン〉なんか買うんだろう。まてよ、ホンの上に何か付いたぞ。エホン(絵本)だったっけな。でもいろいろあるし、エホンなら何でもいいのかな〉、僕はだんだん不安になった。

〈サトウはどこで売ってるんだ? 酒屋には、塩と書いてあるけど、サトウもあるかな? 乾物屋に売っているかな? サトウは塩の仲間じゃないみたいだし、乾物の仲間じゃないみたいだし……〉

商店街で、深刻に悩んで、私はすごすご引き返した。

「お母さん、何のエホンと、どこでサトウを買うの?」

私は、えらいいきおいで叱られた。

第一に、どこへ行って何を買うのか確かめもしないで、分かった気になって出かけたことを。「いつでも洋一はそうでしょう。めんどくさがって、ちゃんと聞かないんだから。」

第二に、酒屋でも乾物屋でも店に入って聞かなかったことを……。

母親は、この気の弱くて、そそっかしい息子の行く末に、吐息をついたと思うのだ。

第6章

親は授業を見ている

1　授業参観のしかた

授業参観で、親はよく見ているものである。

法則化時代、共に学ぶ若い教師が、民教連の方々から文句を言われたそうである。

それは、簡単にいえば、法則化の先生のような指導をしてほしいという親の強い要望が続出したためである。

勉強する教師と勉強しない教師の力の差は歴然としている。

研究授業の終わりに、子供たちをまわれ右させて「ありがとうございました」などと言わせるのは、民教連の教師に多い。いや、民教連の多くの教師はそんなことにさえ疑問をもたなくなっているのである。

今まで研究授業もせず、勉強は自分なりにやっていた(つもりだろう)人が、いやいやながらも研究授業をしなくてはいけない破目になると、こんなぶざまな姿をさらす。

民教連の教師は、法則化の青年教師をとりかこんで、「学級通信に授業のことは書くな」ということまで要求した。

保護者が授業のことを知り、授業について勉強すると困るわけである。

どちらの教師が「授業に対して誠実か」、これははっきりしている。真実を知られることを恐れるのは、偽物に決まっているからである。

教師五年目、四年生を担任して二カ月すぎたころである。日曜参観日があって、私は当日、次のような学級通信を教室の入り口に置いた。

アンバランス

ようこそいらっしゃいました。お待ちしていました。

かみの毛がボサボサで、やや(かなりかな?)太めのせんせいが、このクラスの担任の向山です。「思ったよりたよりなさそうだな?」なんて思わないでください。これでもチャキチャキの江戸っ子で、いせいのいいのがとりえです。(もっとも、江戸っ子なんて、空いじはって、ぬけているのが特徴ですが……私も、むろんそうです。)

○授業参観は、お子さんの顔の見える位置でしてください。

そうです。そうです。先生に言われなくても自分から動いて……。うしろで見ててもしようがありませんよ。
○自分の子供だけでなく学級全体を見るようにしてください。
　自分のお子さんが、今日手を挙げなくても、しかめつらをしないように。今日できないところがあってもにが虫をかみつぶしたような顔をしないように。とりわけ、早くできたことを喜ばないように……。早くできたからといって、いいわけではありませんから……。そうそう、そんなにまじめくさって見なくてけっこうです。ゆったりとした気持ちでごらんになってください。

　学級全体の質こそ、集団としての質こそ、一人一人を伸ばす源です。全体に向上しようとするふんいきが感じられることの方が、今日の問題ができたかどうかより大切です。なんといっても、この集団の中でお宅の子は成長していくのですから……。
○懇談会はフットベースボール終了後三〇分ぐらいやります。ぜひお残りください。保護者の方もぜひどうぞ。下校時刻は一時三〇分の予定です。
○まわりの絵葉書は社会科学習のふんいきを作るためです。係の子がいっしょうけんめいです。
○授業は算数と国語をやります。この時間だけでむろんお子さんのすべてが、分かるものではありませんし、他をおしはかれるものではありませんから念のため……。

○算数はかけ算のテスト二〇分ぐらいと、わり算の勉強を二〇分ぐらいやります。

今日のかけ算のテストは3けた×3けたの問題です。これができれば四年生のかけ算は、ほぼ卒業です。

全員が分かるためにやるテストです。点数を付けるためのテストではありません。現在七回目のテストです。一回に四題です。一回から八回まで考えて、だんだんにむずかしくしてあります。七回目ですから相当にむずかしい問題で、五〇点とれば最低ながら見逃せます。

わり算は、入ったばかりで、かけ算を自由に使いこなせない子は多分もたもたするでしょう。二けた三けたのかけ算、わり算がきちんとできれば、四年生の算数の大切なところは終わりです。ていねいにやってやりすぎることはありません。（まだ六月の始めです。）ていねいにやらないとどうなるか、時間があったらお見せします。

○国語は漢字のテストと文の作り方です。漢字は、どうしても覚えさせなければダメなので、強引にでもやらせます。現在国語の教科書はほとんど使用していませんが、漢字だけは教科書の順にやっています。現在七月初めのころの漢字で、少しすすみすぎです。

文を書く時は、長く書く、ありのままを書く、観察してくわしく書くなどの指導をします。今日の授業は、直感的に感じたことを、鋭く書くのがねらいです。率直に言って、ありふれたことしか書かない子がほとんどなので、どこまでせまれますか……。

「地図には、いろいろな国が書いてある」などはだめで、「地図の中に飛び込んでみたい」という表現をするのがいいのです。

相当むずかしいですから、深追いはしないつもりです。
○ではごゆっくりくつろいだ心でごらんください。
授業参観の翌日、親から次々と便りが届いた。便りの内容と私のコメントを学級通信に載せた。

アンバランス
○みんなが聞いていた　Aさんの保護者
四年になって、初めての参観をさせていただきました。

教室に入って、初めに感じたことは、先生のお話を、みんなが聞いていることです。当たり前のことですが、想像もしていませんでした。

三年の時の印象が、まだ頭にのこっています。座席をはなれるもの、うしろを向いたり、自分勝手なことをしているもの。大きな声を張り上げるもの、まちまちでした。うちの子供も、この中の一人で、出かける子供に向かって、「今日は、あまりふざけないで、お母さん恥ずかしいからね」と言ってしまいます。家に帰るともちろん「今日の態度は何です」と注意する始末でした。

しかし今日の授業を見まして、すべてのことに安心しました。わるいのですが、昨日までは半信半疑でした。やはり、先生は、子供たちにとって、いや親にとっても魅力ある洋さんです。(本心からですよ。)

○どうしてひどい教室があるのです　Bさんの保護者

ある日の、ある学級のことです。(算数の時間)

先生「この問題できる人」。四人の子供が前に出て、計算をやりました。他の子供たちは「合ってまーす」。先生「合った人、手を挙げて」。三十人ぐらいの子供がハイッと手を挙げました。先生「ハイ、よくできました。おりこうさんですね」。これを、二回くり返しました。できなかった子供は、下を向いて恥ずかしそうにしていました。

これで、一時間すぎました。

先生！　同じ学校で、どうしてこのように教育にちがいがあるのでしょう？　職員会議などで話し合いはできないのですか？　今まであまり感じませんでしたが、先生の教育方針とあまりちがいすぎますので、お聞きします。お答えください。

このところ、電灯の下で字を書くことが苦になりました。老眼になったのかと、淋しく思います。

○どうして、なぜと追求する指導でした　Cさんの保護者
四年、初めての授業参観にまいりました。

先生の言葉に、前列に行き、子供の顔はもちろん、全部のお子さんの顔をながめ、先生になったような、まぶしい気持ちになりました。

じっくりと、子供の勉強ぶりも見ることができました。後ろから見ている時と、大変ちがった面も見ることができました。

本に書いてあるのを教えるというのではなく、子供たちの考えをひき出して、「どうして」「なぜ」と追求して、なっとくがいくまで、ぶつけ合う授業が、深く心に残りました。

先生におわびしなければなりません。それは、子供が出かける前に、くどくどと、「おちついて」「よそ見をしないで」「お母さんがいっぱい見えるから、笑われないように」と、注意をあたえました。よけいな事だと思いました。

子供が、学校より帰ってきての一言。「お母さん、恥ずかしくなかった?」。母親の言葉が、子供の心をしばることもあると反省しております。

○おおぜいの参観者にびっくりしました　Dさんの保護者

四年生に受けもっていただいて、初めての授業を見せていただきました。

何より、驚いたのは、おおぜいのお母さん方の参観者でした。今までは、決まった四、五人の方だけのようでした。でも今回はちがいます、約三分の二のお母さん方が見えたそうで、これも先生のご指導のたまものと思っています。

子供たちの目もみんな光り輝いておりました。

去年は、黙って静かだった子供も、「ハイ、ハイ」と、元気いっぱい手を挙げ、はきはき答えていました。また、黒板に皆とちがった答えを書いても、自分は正しいと思い、先生が「なおすか」と言っても、これでいいと張り切っている子供たち、本当にすばらしいことです。

私は子供に、将来のことを聞いたこともなければ、言ったこともなかったのですが、先日何を思ったのか、「お母さん、僕、大人になったら先生になろうかな。向山先生のような先生になりたい」と言いました。私も、たとえ自分の子供でなくとも、一人でも多くの人が、先生のような教育をしてくださることを、そういう方が出てきてくださることを願う気持ちでいっぱいです。

○たのしい授業でした　Eさんの保護者

雨の日曜日たくさんの父母のみなさんと、たのしく授業を拝見いたしました。

おしつけでない勉強の進行、明るい教室、うれしく思いました。

さいごの、子供たちの歌声のすばらしさ。

思わず、私も手をうち、足をならしてしまいました。この次までに、子供におそわり、いっしょに歌いたいと思います。

〈日曜参観を終えて……向山〉

二組の父母の参観者は、三二家庭四五名でした。三家庭ご出席いただけなかったのは残念ですが、多数の御家庭の中には、当日都合がわるかったり、仕事があったりしたのも、無理のないことと思います。

それにいたしましても、多数の参観、ありがとうございました。

昨年のクラスのお母さんも参観にいらしてました。もう、小学校にはお子さんは、いらっしゃらないのですが、わざわざお見えになっていました。

昨年の教え子が二人見えていました。これにも、喜びを感じました。

二組以外の人も何人も見えていたらしく、ていねいなあいさつをうけ、恐縮しました。

学校全体としても大変多くの参観者がいました。懇談会への出席者は、途中で出入りを含めて二六名でした。

○初め、子供がかたくなっているので弱りました。まわりで見られるのになれていないためでしょうが、話がしにくくて困りました。いつもの反応と、少しちがうからです。

○授業の場面を、お見せすればよかったのでは？　と、少し悔いています。
　国語・算数ともに、計算、漢字を含めたため、時間がさかれたからですが……一人一人のお子さんの実態を見るためには、あれでよかったと思いますが、授業そのものを見なかった方は、物足りなかったことでしょう。
○国語の文の作り方で、じつは、あれほど鋭い表現が出るとは思っていませんでした。まあまあいいのではなかったかと思っています。
　ただし「てっぱんやきそば」と「マシンガン」で子供たちが喜んだのは、その中にいくぶん「うわついた心」があるためで、そうした点はなくしていかなければと思いました。
○みんなでうたった歌、よかったのではないかと思います。でも、前から見ると分かるのですが、二、三人の子が小さな声で（口をきちんと開けないで）歌っているのです。それが残念でした。
○懇談会、いろいろとためになりました。というより、勇気付けられました。
　市販テスト・宿題・基礎学力・遊び・教科書、話は多岐にわたり、分散的でしたが、多くの点で、私と一致する面がありました。

○飲む約束ができたのは、大変けっこうでした。二学期あたりにぜひ。（何人かのお母さんからクレームがつきまして、母親もぜひ入れてくれとのことです。）

たった一回、私の授業を見ただけで、保護者は今までの授業とちがうことを感じた。

そして、今までのひどい授業を疑問に思ったのである。

それをどうして職員会などで解決できないのか……を私にぶつけてきた。

なぜ、ひどい授業が存在し続けるのか…？　と。

しかし、この素朴な問題を解決できない限り、問題は永遠に続くのである。

第7章

イベントで成長させる

1　手習いにあげた我が子を見ちがえる

私のたった一人の師匠、石川正三郎氏は、よく言ったものだ。

> 教育という仕事の真髄《しんずい》は、「手習いにあげた我が子を見ちがえる」ということの中にある。

学校に行った我が子を、「見ちがえる」ように成長させてくれれば、保護者は文句を言わない。

いや、文句どころか、心から感謝するというわけである。

保護者が「我が子を見ちがえる」ほどの事実を創り出していくのが、教師の仕事である。

そのためには、教師もまた勉強をしなければならない。

「手習いにあげた我が子を見ちがえる」というような事実を創り出さなければ、いくら口でうまいことを言っても保護者は信用しない。

しかし、逆に、そういう事実を創り出せば、保護者は、いかなる時でも教師を支えてくれる。

新潟の大森修氏は、とっつきのわるい人だ。ぶすっとした表情は、一瞬人を遠ざける。大森氏はとっつきがわるいだけではなく、保護者にも文句を言う。時には保護者とケンカをする。

「だから、初めのころは、できるだけ先生のそばに近寄らないようにしたのです」

と、大森学級の保護者は言う。

しかし、大森学級の保護者たちは、大森ファンになる。熱烈な大森ファンになる。ちょっとやそっとのファンではない。本当のファンになるのである。

とっつきがわるい人で、保護者にも文句を言う人が、どうしてかくも保護者を魅了するのだろうか。

原因はいろいろあるだろう。とっつきはわるいけど信頼できる人だ。見かけは人がわるそうだけど温かい人だ。理解力のすごい人だ。

どれもこれも当てはまる。

が、大森学級の保護者たちが、大森氏のファンになる第一の理由は、「手習いにあげた我が子を見ちがえる」ことを実現したことにある。

子供の成長が、保護者も驚くばかりであったのだ。

この成長は、むろん、主として授業をとおしてもたらされたものである。


大森学級のある子が、東京に転校することになった。家が東京にあった。

その保護者が私のところへ来て言った。

「向山先生のクラスに入れませんか。可能性があるなら、先生の学区域にマンションを借ります。」

東京に家があるのに、もう一軒準備すると言う。

この保護者は、大森修氏の教育をこれほどまでに支持していたのである。

お金はどの人にとっても大切なもので、中には生命の次に大切だと言う人もいる。

それを使っても、大森学級で受けたような教育を与えてやりたいというわけである。

公立小学校の教師である私が、このようなことに対応できるはずもなかったが、しかし、その保護者が「大森学級のような教育を受けさせたい」と願う気持ちはよく理解できた。

教師を判断する基準はただ一つ。

> 手習いにあげた我が子を見ちがえる。

このことを実現できるかどうかである。

むろん「見ちがえる」ような事実は、そんなに簡単には生まれない。

時には、何年もかかって「かすかな変化」しか生じないような教育の現場もある。

しかし、いずれの場においても、その程度のちがいはあれ、「手習いにあげた我が子を見ちがえる」ことを実現させるために努力するのが教師の仕事である。

2　イベントの中で成長させる

授業の中で子供を成長させることが基本だが、成長の場はそれだけではない。

たとえば「イベント」の場である。

「イベント」は「授業」とはちがう。

授業は「日常的」なことであるのに対して、イベントは「非日常的」なことである。

授業は「まじめさ」「ていねいさ」「持続力」が要求されるのに対して、イベントは「発想力」「実行力」「瞬発力」などが要求される。

授業は毎日の生活であるのに対し、イベントは祭りである。

毎日の生活は大切だ。

でも祭りだって大切なのである。

世界中どこの国でも祭りはある。

日本中どこへ行っても祭りはある。

今だけではなく、何千年も昔から祭りはあった。

それは、人間としての生活の中で、「祭り」は他に代えがたい役割を果たしているからである。

学校の教育の中にも、「イベント」を積極的にもち込むことは大切である。

「運動会」「学芸会」など「イベント」らしきものはあるが、魅力にやや欠ける。

それは、「自由にできる」「自分たちでできる」という部分が少ないからである。

「祭り」はある種の自由さ、ある種のハメを外したところにこそ魅力がある。

学校でやる「イベント」は、「これ学校でやっちゃいけないんじゃやないか」というようなことがどこかにあった方がいい。

学校は「勉強」を表看板にしているところだから、「遊び」を大胆にもち込むのもその一つだ。

四年生を担任した時、クラスの係の中で最も活発だったのが「チャレラン係」であった。

チャレランは「遊び」そのものだから、こういうのが「係」になると、子供は熱中する。

その熱気は、他のことではなかなか得られないものである。

「学校でやっちゃいけないことをやってみたい」ということは、他にもいろいろある。

だけど、こういうことを年中やっていたら、面白さは半減する。（係にすれば別だが。）

一年に一日ぐらいドカーンとやるから、すごく面白いのである。
一年に一日ぐらいは、ドカーンと大イベントをやってみたい。
大イベントだから、それなりに仕掛けもいる。
子供も、親もまわりの教師も、「なるほど」と納得するような舞台が必要だ。
私がやった「イベント」を紹介してみよう。
まずは、子供が「世界最大のパーティー」と喜んだイベントである。

3　ぼくだけさか上がりができません

私のクラスだけに、特別な事件が起こるのではない。私のクラスだけが、特別な子供の集まりなのではない。

日本中、どこのクラスでも事件は起こり、ドラマは展開している。私たち教師が、日常目にするあれこれのこと、いつも聞く同じような出来事、それこそが、教室におけるドラマの源なのである。

私には、ささやかな出来事があった時、これからどうしたらいいかというほんの少しの空想力があるにすぎないのである。

たとえば、次のようなことは、日本中ほとんどすべてのクラスに見られる出来事である。

> 四年　いなだ　のぶゆき（仮名）
>
> ぼくたちの、クラスの人は、みんな、さか上がりが、できています。でも、一人だけ、できません。それは、このぼくでした。

どこにでもある、教師なら誰でも経験するありふれた出来事である。しかし、この時子供たちの一つのドラマは、ここから出発したのである。

私は、全員が何かを「やったー」と感じた時、パーティーをやろうと言った。「鉄棒」とは言わなかった。できない時もある。その時残った子がかわいそうだ。鉄棒も一つの選択肢だったのである。さりげなく仕掛けて一学期がすぎた。

4　全員でさか上がりができたこと

二学期に事件が起きた。その時の子供の作文である。（子どもの名前は仮名にした。）

四年生になり二学期になり今日になり三時間目のてつぼうになりおもいがけないことがおきた。大事けんである。

先生が、「さか上がりをしなさい。」と言いました。みんなは、われさきにと、てつぼうにとびつきました。ぼくはその時、てつぼうをやろうとしました。すると先生のふえがなりました。だからぼくはできませんでした。すると先生は、

「今できなかった人はやりなさい。」

と言ったので、ぼくもやりました。

すると、ワーワーワーワーワーとつ然すごい声が聞こえました。のぶゆき君がさか上がりをやっていたのです。クラスで一人さか上がりができなかったのぶゆき君がさか上がりをやっていたのです。

そのワーワーワーワーには、「のぶゆきがんばれ！」

「あと少しだ！」

「あーっもう少し足をあげろ！」

「パーティーのためだ！」

「低い方でやった方がいいんじゃないの？」

「その方がいいかもね。」とかいろいろたくさんありました。中にはふざけて「ワイワイ」とか、「ガヤガヤ」とか、言うことがなくなると、「……」こうふんしすぎて人をぶつ人や頭をさわったり、

「おい、おまえ上がれると思うか？」

なんて言う人がいるかもね!!

みんなさか上がりができるよりもパーティーができた方がいいと思っているのかもしれません。

先生が、「低いてつぼうでやりなさい。」と言ったので、のぶゆき君は低いてつぼうでやりました。みんなは、「できるかな。」とか「できたらパーティーだぞ。」なんて言っている人がいるかもしれません。

それに「できたらパーティーだぞ。」なんてパーティーをまっている人もいました。

ついにきました。きんちょうの一しゅんが、……。

「やったーっ。」

みんながいいました。のぶゆき君も顔をまっかにしています。

できたのです。ついにできたのです。

昭和五七年一〇月一四日木曜日晴、ついにのぶゆき君は、なやみになやんださか上がりができたのです。

みんなのはくしゅがつづきます。

「ぱちぱちぱちぱちぱちぱちぱちぱちぱち」

みんなのどうあげにうつりました。はくしゅもつづきます。みんなは、「やったね」とか、「よかったね」とか、「おめでとう」とかみんなホクホク顔です。

のぶゆき君をおうえんしていた人も、パーティーをまっていた人も、みんなホクホク顔です。

とうとう四年二組のさか上がりできない人はいなくなりました。林君が、「パーティーのときうちのお母さんが作ったスイートポテトもってくるんだ。」

ぼくが、「パーティーのときザリガニ釣り大会やろうよ。」

「そつか、じゃそうしよう」と小田君。

「じゃ今日ザリガニ釣りに行こう」とぼく。一方のぶゆき君は、みんなの声をうけています。みんなはとてもうれしそうでした。

みんなは、パーティーをやってうれしいのかのぶゆき君がさか上がりができてうれしいのかどっちなのでしょう。

石田君が、「おてをはいしゃく。」

「ヨーッ。」「パンパンパン。」「パンパンパン。」「パパパッパ。」「パパパッパパパッパ。」

キンコンカーンコンこの時をまっていたかのようにチャイムが学校内になりひびきました。

のぶゆき君バンザーイ。

5　さか上がりパーティー原案の討議

クラス全員がさか上がりができた時は、盛大にパーティーをしようということになっていた。他にもパーティーをやるに値することはあったが、「さか上がり」も有力な候補だった。私が言い出したのである。

その時は、一〇人ほど、さか上がりのできない子がいた。

「けんすいが半分ぐらいできる筋力をつければ、できるようになる」ことを言って、背筋力を付ける方法をいくつか教えてあった。

一学期にほとんどの子ができるようになって、二学期の一〇月にはのぶゆき君だけになっていた。

大がらな子であった。しかし、少年野球をやっているせいもあって、身体はひきしまっていた。そののぶゆき君がやっと、さか上がりができたのである。教室中、大さわぎであった。興奮状態であった。

子供たちは、「すぐにパーティーをやろう」、しかも「盛大なパーティーをやろう」、できたら「世界一のパーティーにしよう」と動いていった。

どのようなことが「盛大なパーティー」にふさわしいのか、どのようなことが「世界一のパーティー」にふさわしいのか、興奮して激論する様子が、あちこちで見られた。

「そんなのは、ありふれている」「そんなのは、やったことがある」

出る意見、出る意見、みんなこのように断定されてしまった。

子供たちの意見のおもむくところは、「学校で何か食べたい」しかも「盛大に食べたい」、できたら「そういうのは学校で食べてはだめだと言われそうな料理を盛大に食べたい」となっていった。

すぐに取りかかろう！　あさって、やろう！

興奮状態の子供たちは、動き出そうとしたのであるが、私が止めた。

「各班で、方針を作りなさい。それを印刷して配ります。その方針の中から、よい方法を一つ選びなさい。その方針どおりにパーティーをやります。」

私の発言に子供たちは動揺した。激しく動揺した。

「ほーしん？　ん、なにそれ？」「ほーしんなんて、できないよ」

突然、わけの分からないことを言われたのだから、とまどうのも無理はない。しかし、先生が言っているのだ。

さっそく「ほーしん」とは何かということが、質《ただ》された。

「方針」が分かってから、不満が生じた。

「そんな、めんどうなことやるの？」「すぐ、パーティーをやろうよ」

子供たちは、即座にパーティーへ動きたいのである。

「盛大な料理を盛大に食べて、学校でわるいことしちゃったかな、でも面白かった」と感じたいのである。

だが私は、こんなにめったにないチャンスを逃がすわけにはいかない。ここで、タップリと、「事を為すための動き方」を教えなければならない。

こういうことは、つまらないことで教えてはならない。「あれいやだな」というのを無理やりやらせたり、競争させたりしてはいけない。こういう方法をとると、性格が暗くなってくる。

「これをやりたい」「ぜひともやりたい」「盛大にやりたい」と思っている時に教えてこそ、知恵もわき、段取りも覚えていくのである。

私は、そのチャンスを待っていたのだ。いや、「さか上がりができない子が一〇人いる」と知った一学期の初めに、しかけておいたのだ。一年に一度のチャンスなのである。

各グループで方針作りが始まった。これが初めての経験だから、大変であった。あるグループがよい方針を考えると、それ以上楽しくしようと激しく闘争心がわくらしく、知恵の出し合いとなった。このグループの方針案を印刷して、全員に配り、学級会で一つ一つ、つぶしていったのである。

面白くなさそうな方針がまず集中砲火を浴びた。その案が消去された。

次に、今まで「すみません、こんなの出してしまって」というようなかっこうをして、うなだれていた消去された班が、「もう俺たちこわくないもんね。もう消される方針がなくなっちゃったから大丈夫だもんね」という感じで、猛烈に意見を出し始めた。

「さっきは、どうもすみません。よく言ってくれました。おかげで僕たちの方針がなくなりました。だから、お礼に返しします」というわけで、意見を多く言った班への反撃を加えた。ここで、子供たちは「調子にのってつぶすだけがいいわけじゃない。上手に反感を避けよう」と考え始めた。

そして、多数意見につくことを考え始めた。「みんなで言えばこわくない。でも、できるだけ目立たないように言おう」と知恵が出てきたのである。激烈な意見、知恵のある意見も出てきたから、巧妙な意見も出てくる。

「○○班の意見はとってもいい面があります。××××なんてすごいです。だけど、……」とりあえずほめておいて、それから批判をするわけである。こうやると、その班を味方にすることができるわけだ。

こうやって、三つの班が残った。このへんになって、初めて子供は迷う。今までは、ゲームであった。だから自分たちが生き残るために、とりあえず他の班をつぶしてきた。これはこれで楽しかった。興奮もした。だけど、迷うのである。

「本当に、自分たちの班が残ってしまっていいのか」

つまり、他の班にも、いい方針がいっぱいあるのである。消去してしまった、ある班の方針の方が面白いかもしれない。自分たちの方針を残したい。だけど「面白いパーティーをする方がもっと大切だ」と思い始めるのである。

何人かの子供がやってきた。

「みんなの良いところを入れて、方針を作ってはいけませんか」「それはいけない」と、私は答えた。それでは、今までのことが無意味になってしまう。やり始めたことはやりとおさなくてはいけない。

「それでは、もう一回、方針を直して出してもいいですか」

「それは、いいですよ」と私は答えた。クラスの全員にその旨を告げた。「だが、それでは、消去された班が不公平だ」ということになった。ここに敗者復活戦が準備された。敗れた班が、もう一度方針を作り直して、その中から一グループだけ勝ち残り、グループに加われるというものである。

原案の討論が激しく続き、予定は一カ月も延びた。「方針」を討論し一カ月も延びたことは、よくないことだったのだろうか？　たしかに一カ月も延びれば、だれがちになる。だれたら興味も半減する。だれないようにするのは、教師の仕事だ。

私のクラスでは、「方針案の討論」がそれに当たった。次々にいろいろなことを考え、修正していった。そもそも「方針を争う」ことが面白かった。

この中で、子供は多くを学んだ。

このようにして、一つのグループを選び出し、パーティーを実施した。同じ時期に、香港から転入した子供、沖縄、大阪へ転出する子供がいたので、このこともパーティーの中身にすることにした。

6　パーティー原案

さて、当時、子供たちが作った、各グループの方針案は次のようなものであった。学校で三時間ほど時間をとった。子供たちは、下校後も集まって方針案を作っていた。方針案は、私が印刷して全員に配った。

おまつり「さか上がりパーティー」原案（八ぱん）

1　目てき……けんかのない楽しいパーティー

2　日時……一一月一三日（土）九：三五〜一二：二〇

3　場所……調布大塚小学校　四年二組教室（校庭）

4　係の分たん……かざり作り全員、かざりつけ全員、食料全員、し会・希ぼう者、ゲーム・八ぱん、はじめとおわりのことば・希ぼう者またはお祭り係

5　プログラム……①始めのことば　②四年になって初めて、さか上がりができた人から一言　③芸（やりたい人だけ）　④さし入れ始め　⑤ごちそうを食べる　⑥お手をはいしゃく　⑦休けい自由時間　⑧合そう　⑨ゲーム　⑩校庭に出て、全員さか上がり　⑪みん

なではく手　⑫教室にもどってジュースでかんぱい　⑬おわりの言葉　⑭向山先生から、パーティーの感想を一言

6　かざり……前、後の黒板と天じょうには、輪かざりを付ける。入口（ドア）には、おり紙などで作ったすだれ、天じょうの真中には、くす玉をかざる。

7　ゲームの内よう……つかみどり。だいたい五、六こはこを用意して、上に、手（うで）が入るくらいのあなを開ける。はこの中には、ビー玉が入っている。ビー玉には、数字が書いてある。その数だけ、あめをもらえる、というゲームだ。

8　食料……お母さんにも協力してもらって（むりな人はいい）一人一つぐらいは食べる物を持ってくる。（買ってもいい。）ジュースなど、飲み物も持ってくる。

9　し会……希ぼう者にやってもらうけれど、もし、希ぼう者がいない場合は、お祭り係の人にやってもらう。

10　つくえ……好きな人どうしでならぶ。

芸をする時、食事をする時は、上の図の

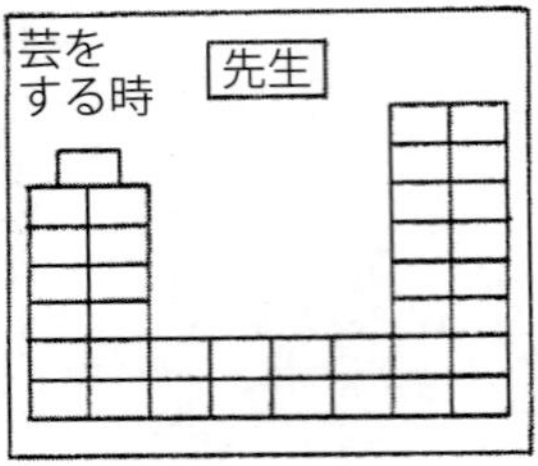

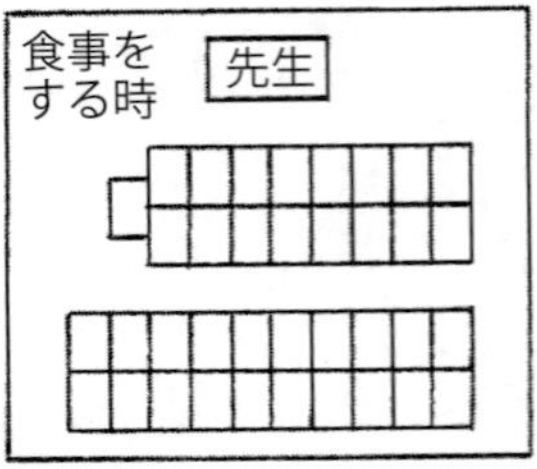

前の黒板

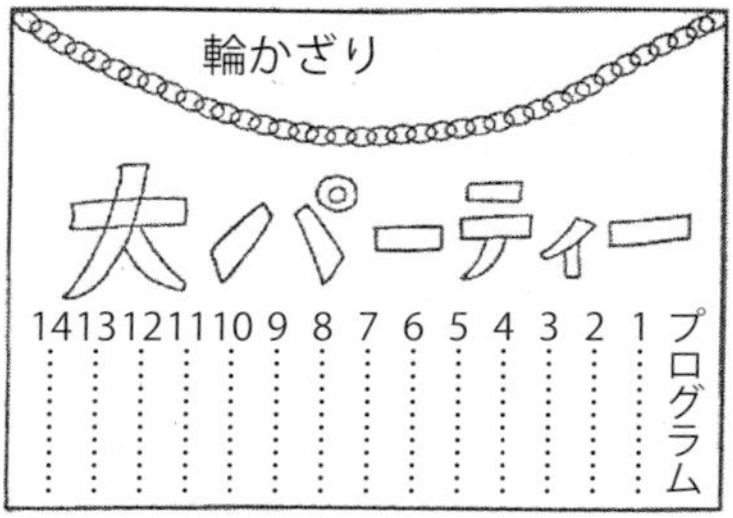

後ろの黒板

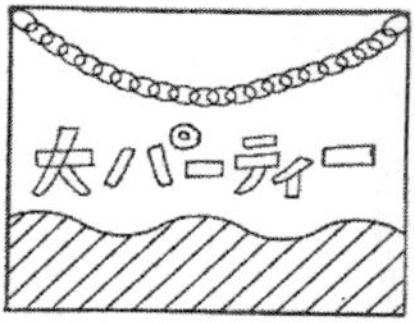

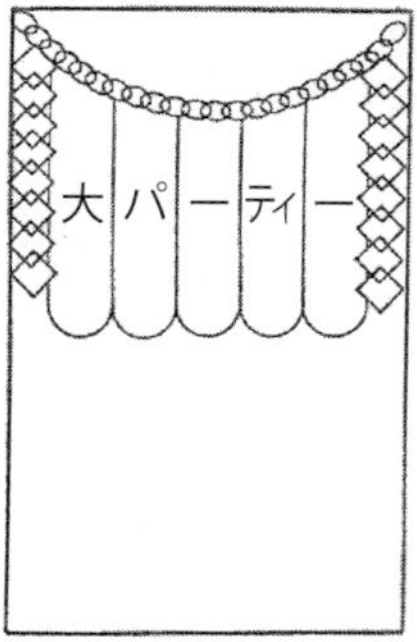

天じょう（下から見た図）

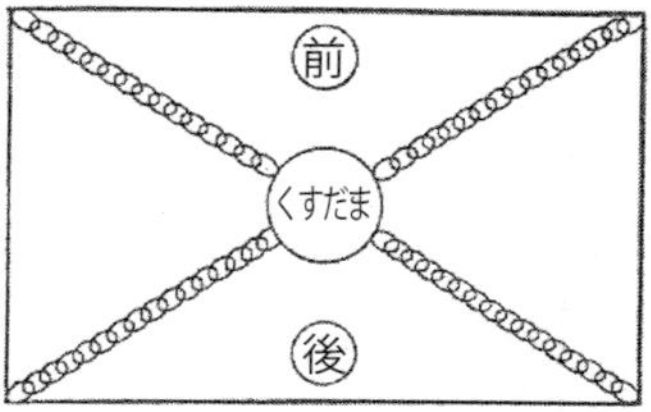

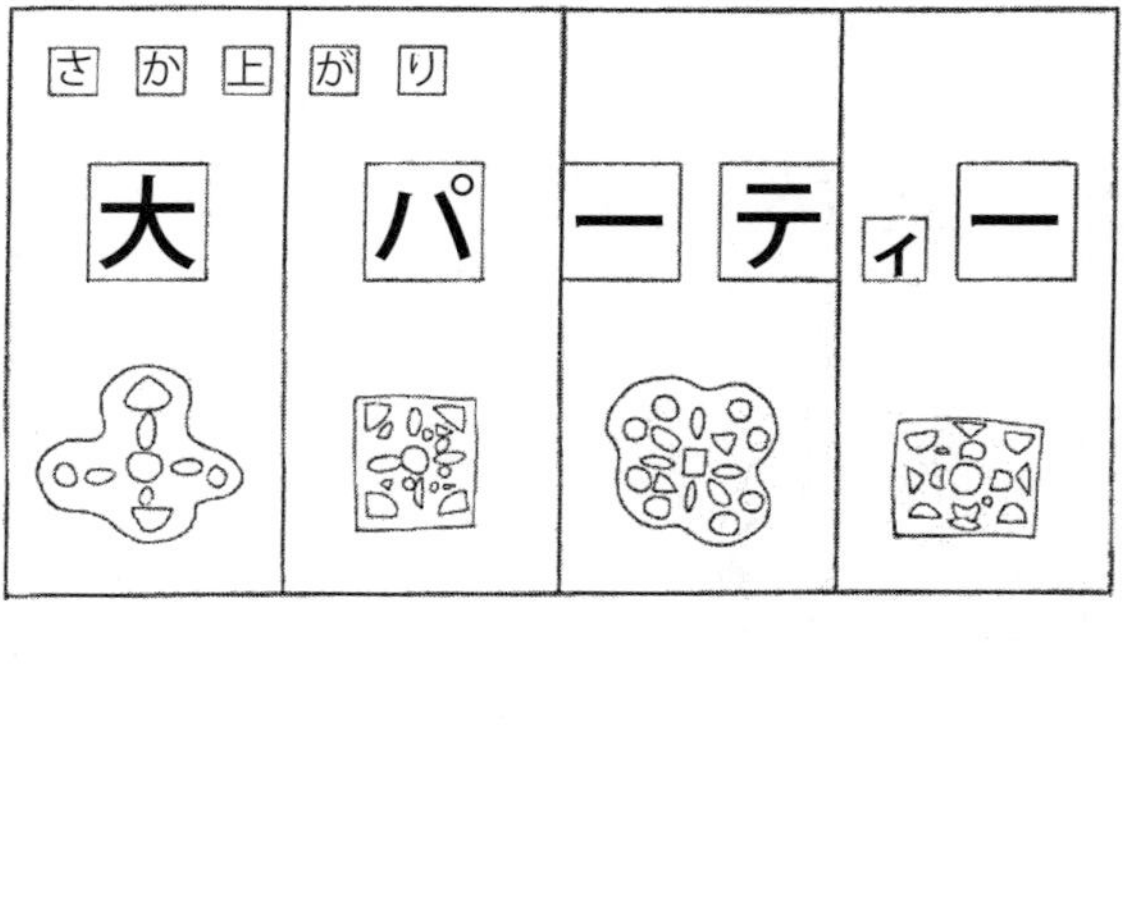

ようにならべる。

11　始め、おわりのことば……希ぼう者がいたらやってもらう。希ぼう者がいない場合は、お祭り係にやってもらう。

12　メニュー……チーズケーキ六つ、シュークリーム三八こ、デコレーションケーキ二つ、フライドチキン七六こ、フライドポテト（大）七六こ、スパゲティーミートソース三八さら、とうもろこし三八本、やきとり一四四本、スナックがし四しゅるい、それぞれ六ふくろずつ、あられ、せんべい、六ふくろ、オレンジジュース（かん）二〇本、コーラ（かん）一〇本、その他いろいろ。ここに書いてあるもので、むりな物は、持ってこなくていい。この他に、とくいな料理があったら持ってきていい。

13　芸……やりたい人はやる。やりたい人がいない場合は、プログラムからぬかす。

14　全員さか上がり……校庭に出て、全員さか上がりをする。けがをしている人や、病気の人は、むりにやらないで、いい。

15　お母さん方について……よぶかよばないかは、多数けつで決める。よぶ場合は、食料をふやす。

16　先生からパーティーの感想を一言……パーティーの最後に、向山先生に、パーティーの感想を一言、言っていただく。

17　かざりの図……前の黒板。（黒板当番が書く。その他、書きたい人も書く。でもかんけいないことは書かない。）

7　世界最大のパーティー

教室は、前方も後方も、横も窓側も天井も盛大に飾られた。お母さん方からのさし入れが、どっさり運び込まれた。教室にお菓子のお部屋が誕生した。ゲームものど自慢もいろいろとくふうがあった。さりげない中にも、くふうがいろいろとあった。

たとえば「インタビュー」という出し物があった。パーティーの関係者にいろいろとインタビューするのである。私は「テレビでタレントがやるインタビューなど最低だ。当たり前のことを聞いて、当たり前の答えを得ている、考えもしない答えを引き出すようにするのだ」という、アドバイスをした。

担当のAさんの作文から、彼の苦労を見てみよう。(といっても、適当でもあったらしいが……。)

インタビュー

インタビューをするまえぼくはいそがしかった。いしようをかりて、坂口君のトレーニングウエアーを、かりて、サングラスをかけてでた。ドアからでるのがおそかったから、「おまたせしました」いろいろなことを言った。

ぼくの一番おもしろく、うけるとおもったのは、いながきくんのことだった。それを言ってみよう。

「さかあがりができたとき一番おもたくかんじたところはどこですか」「こしです」。

「やせたいと思いましたか」「べつに」これはうけた。


世界一のパーティーを経験した子供たちの声を、以下に紹介する。


さか上がりパーティー&おわかれパーティー&かんげいパーティー
まちにまったパーティーの日。

原案などを、何回も書き、やっとできました。一番初めに予定した時より、一カ月くらいおくれました。

プログラム、お母さま方へのおねがいじょう、かざりつけ、など大変でした。

せきにん者は、だれなのかということや、仕事を、進めていくのは、だれなのかということなど、決めている間に、どんどん、予定した日よりも、おくれてしまったのです。

いろいろな苦労をして、やっと、パーティーができたのです。

その日の日記には……「まちにまった『さか上がり&おわかれ&かんげいパーティー』の日がやってきました。前半は、とてもにぎやかにパーティーをすすめていました。後半も、にぎやかにやっていましたが、『先生から一言』のあとから、だんだん悲しくなってしまいました。先生が、とても悲しい歌を歌ったから……」などと書きました。

初めは、おもしろい、芸などを見て、にぎやかだったのが、悲しくなってしまったのです。

でも、私は、今まで、してきた、パーティーの中で、この「さか上がり&おわかれ&かんげいパーティー」が一番すばらしかったと思います。それなりに、苦労もして、やっとできた、パーティーだからです。全員、さか上がりができて、転入生が入り、こんないいことはありません。北村君と野本さんが、転校してしまうのは、悲しいけれど……。わらって、ないて……。こんなすばらしいパーティーができたのも、全員が協力しあったこと、お母さま方も、協力して下さったことがあったからです。みんなで、協力すると、いろいろなすばらしいことができるということがよくわかりました。また、こんなパーティーができたら、うれしいです。

パーティー

今日のパーティーのため芸やうたなどいろいろ練習しました。初めは原案をかいたりしてとってもたいへんでした。原案では一一月一三日になっていた予定がどんどんのびていってしまっていました。

案内状をかいたりとってもたのしいというか、

「どうしてこんなことするのだろう。こんなことをしないでパーティーを早くやればいいのに」とずうーっと思っていました。

でも一カ月もまってその後はとってもうまくいきました。みんな芸や歌をいっしょうけんめいしました。お母様たちの前でとっても心配でした。食事もとってもおいしかったし楽しかったです。でもみんなし会などひっしでした。

最後には先生の歌で野本さんがないていました。横田さんも！　私はなきそうになったけどがまんしました。おわりの言葉でないたらはずかしいからです。でも私も大阪にいた大好きなお友だちと別れて来たことを思うとないてしまいました。そして大阪に帰って友達にあいたいと思い出してしまいました。帰ってもむねがいっぱいで「あんなに喜んでいたのに最後はあんなになるなんて、ひどい！　別れはもういや」と思いました。

お母さんは「別れが入るパーティーならあれでいいと思うよ」となぐさめてくれました。

でもこんな小学生のパーティーなんて心に残ると思います。世界最大のパーティーだと私は思いました。

第8章

学級通信の交流

新卒のK先生が学級通信を発行していた。「どですかでん」という。内容がとてもよかった。私も学級通信を出していた。私の学級通信にK先生が「教育周辺への発言」を二回載せてくれた。お礼に私は、教師稼業について何回か書いて「どですかでん」に載せてもらった。学級通信で、お互いの通信へ乗り込んだわけである。これは、保護者にも大変好評であった。

1　ハーイ、ハーイ、せんせいあてて!(第一回)

○私の「アンバランス」(学級通信)にK先生が連続講座を載せてくれている。題して「教育周辺への発言」。K先生が忙しいさなかをさいて、書いてくれていることが、この上なく嬉しい。それに内容がまたとてもいいのだ。四の二の保護者たちは、すっかりK先生ファンになっている。(ヨォー、イイゾーッなんて、おお向こうから声がかかろうというものだ。)

義理と人情に厚い教師稼業に生きる僕としちゃあ、そのまま済ませていられない、というわけだ。K先生に頼みこんで、僕みたいながらのわるさだけが目立つ文章を載せてもらうことにした。何回か書いてみるので、どうかよろしく。

○入学してきた時の子供たちは、実に生き生きとしている。実にのびのびとしている。何か質問をすると、必ずウァーッと手を挙げてくる。中には、答えが分からなくても、問題を聞いていなくても、手を挙げるそそっかしい子がいるほどだ。

これが五、六年生になるとちがう(と言われている)。いくら言っても手が挙がらない。やさしくても、むずかしくても、手が挙がらなくなる。発言をしなくなる。「おめえら、ふざけんじゃねえぞー」とどなろうが、「思ったことでいいのですから」と、優しく、優しく言おうが、手は一向に挙がらない。

この一年生と五、六年生との見事なほどのちがいは、僕たち教師にとてつもなくでっかい問題を投げかけている。この変化はどこで起きるのか。学校でか、社会でか、家庭でか、はたまた年齢のせいなのか。

「おたくのお子さん、だめですねえ」とか、「この地域のお子さんは、少しちがいますねえ」とか言って済ますなら教師はいらない。ここから、本当のプロの教師としての仕事の一つが始まるからだ。教師である以上、こういう事実から逃げてはいけないからだ。

○僕は、この変化は学校で起こされていると考える。そうでなければ、一年生から上にいくに従って、黙ってしまうなどということが考えられないからだ。まさに、それは学校生活の中で起こされた変化だからだ。その根本的な原因は、学校内にある(つまりは、小学校成立以来一〇〇年間も続いた)教育上の差別構造にある。

テストの点数のいい子には、小まわりのきく子には、学校ほど住みよいところはあるまい。何かにつけて脚光をあびるからだ。テストの点がよければほめられる。賞状をもらう。学級委員のバッチを付けて、肩で風をきって歩ける。選手にはなれるし、代表にはなれる。先生のおぼえもめでたい。

そうした、スポットライトをあびる様々のことが、バッチが、代表選手が、賞状が、子供たちを二つの階層に分けていく。

ものを言う子と、ものを言わぬ子らに。

ことあるごとに現れる、そうしたことが、一方ではいわゆる「優等生」に優越感をもたせ、大人を小さくした奇人を生ませ、一方では、劣等感をもつ多数を生み出していく。「何をやってもだめなんだ」「あいつにはかなわないんだ」「こんなことを言ったら笑われる」……。かくして、そそっかしくも手を挙げるほど元気だった子供らが、貝のように口をとじていく。

出発点の、たったちょっとの差が、とこしえに拡大されていく。もともと、子供たちには、そんなに大きな差などあるわけないのだ。いわゆる「優等生」にとっても、それは悲劇だ。真に対等の人格の中でもまれてきた強さや人間らしさが失われていくからだ。そんな子供の力なんてたかがしれているからだ。さらに友人よりも教師だけを向いたような子になっていく。

○すでに小学校生活を遠くはなれた保護者の方になら分かるだろう。小学校時代の一〇〇点と八〇点のちがいなんて、大人になれば毛ほどのちがいがない、ということが。久しぶりに会った小学校の同級生の変化におどろいたこともおありだろう。

だが、子供の世界では、それが天と地ほどにちがうということになっているのだ。いや教師が（保護者の方もまた）そうしてしまっているのだ。それを支えているのが舞台なのだ。スポットライトなのだ。賞状、代表、バッチ……。

だとしたら、昔からあって、学校の中で当たり前になっているすべてのことを、教育総体を、一度は疑ってみることも理由のないことではない。保護者の方にも心当たりがあるだろう。「劇の主役はいつもあいつだった」「金賞をとるのはいつもあいつだった」「級長はいつもあいつに決まっていた」、苦い思い出のある方もおられよう。

誰でもができる、誰でもがやりたい、そのことが自分たちとかかわりのないところで決められてしまったのだから……。「優等生」であったり、有力者の子供であったり……。そんなことが、何の疑いもなしに一〇〇年も続いていたのだ。否、優等生、賞状なぞ、大宝律令の時から実に一三〇〇年も続いているのだ。

2　いささか異議あり！（第二回）

○僕みたいな、ガラのわるさだけが目立つ文に、何人かの保護者の方からの便りがあった。

その中に次のような一文があった。

「『優等生』を作っていかない教育、全く同感です。運動会にしろ、学芸会にしろ、本当に子供たちがうれしそうで、のびのびしていました。しかし、これらの教育方法にも、どこか影があるように思えてならないのですが……。」

この人は実にていねいな手紙をくれた。その文章を読んでも、内容を見ても、教育に対しきちんとした見方をもっているように思える。しかも、「優等生」と僕が書いた文をちゃんとカッコ付きで引用してくれている。（言うまでもないが、カッコ付き優等生、つまり「優等生」は、カッコなし優等生、つまり優等生と意味がちがう。「優等生」は、いわゆる優等生とか、本当はちがうのだが優等生とよばれている人とかいう意味である。）

「しかし、これらの教育方法にも、どこか影があるように思えてならない」という文の意味が分かりかねるのである。少なくとも一、二の例示をしてくれる親切があってよいと思う。僕はこの最後の文を三日三晩寝ないで考えこんでしまった。（トイウホド、オーバーデモナイガ……。)

大切なことだからこそ、僕も重く受けとめる。重く受けとめるからこそ、意味の分かりかねるような言い方は、できる限り避けてもらいたいと思うのだ。

そこで、第一に、この人は教育ママゴンかなと思う。「自分の子が少しはよくなってもいいんじゃないか」という、どの親ももつ考えをしているのかなと思う。でも、そうではないことは明らかなのだから。だから、この人はそんなにさもしい人じゃない。むしろ、僕の言うことをよく分かってくれている人の一人なのだと思う。「友がここにもいた」と言ってもよい。

さて、そうすると第二は何なのだろうと思い悩む。この人は「こういう教育方法にも」と言っている。つまり、どのような教育方法にしろ、教育のしくみとか教育の内容とかが分からねば、限界があるのだ(これには僕は賛成)ということを言っているのではないらしい。(らしいというのは、そうかもしれないからである。)

そうだ、第三には、「優等生」をなくすというのを、すべての子をどんぐりのせいくらべみたいな低い次元でいいのだ、というふうにとっているのではないかなと思う。きっと「優等生はどんぐりの中にはいっておいでよ」という意味で受け取っているのではないかなと思う。

これはありそうな考えだ。しろうとは九九パーセントまでそう考える。本当の自由で平等の関係の中からこそ、すべての子供を優等生にするという教育が始まるのだということが分かりにくい。「優等生」をなくすということが、実はどの子もそのもてる力を充分に発揮させるためにこそ必要なのだということが分かりにくい。むしろ、平均化された個性のない、そういう状況を思いえがいてしまう。

そうではないのだ。固定化された「優等生」が支配する学級社会の中では、せっかく伸びようとする芽も引っ込んでしまい、強い力の支配の前に多くの才能は死んでいってしまうのだ。そして、いわゆる「優等生」も。そのような低いレベルでの学級社会はどの子にとっても、害こそあれ益はないのである。

なぜそんなことが平然とされているかといえば、一部エリートと多数を作り出していくという教育政策（昔も今も）のためであり、賞罰という伝統的な教育方法の影響であり、学級秩序が保ちやすいという一部の教師の心の反映であり、居心地がいい少数の子供と保護者の支持があるのであり、どうせだめなんだという多数の子供と保護者のあきらめがあるからである。

だから、全員を伸ばしたいという考えに立つ以上、どうしても避けられない問題であり、「優等生」は生まれながらにそうであるという神話をくつがえし、「優等生」は意識的に作られているという現実に目を向け、変革していかなければならなくなる。

そして、前にも述べたように、僕はこれが教育の出発点であると思う。あくまで出発点であり、そこから真に内容の伴った多数の子供たちを成長させていく努力をしていかなければならない。それこそがプロの仕事なのだ。運動会一つにも、学芸会一つにも、そうしたことは追求されなければならない。形式的にまとまることや、見栄えのすることは、初めは拒否してよい。もがいてもよい。そして、全員が外向きではなく、内向きに充実された力を土台にすばらしいものを創り上げていくのだと思う。

一年めのK先生には、たしかにこうした力は不足しているであろうと思う。でも、それはのんべんだらりと一〇年二〇年教師をしたからといって、付くような力ではないのだ。外向きの、形式的なものを拒否したK先生の中から、何かが創られていくだろうと僕は信じる。彼の今の力量の不足はたぐいまれな情熱が十二分にカバーしてくれるだろう。新卒一、二年めの教師のもつエネルギーは、たとえどれほどの力のある教師でも真似られるものではないのだから……。

一年二組の子供たちが、うちのクラス四年二組へ訪ねてきて、お互いに合唱を聴かせ合った。人見知りしない、元気な子供たちだった。元気な歌だった。四年生の合唱を、自分たちよりはるかに上級生の、それ故にはるかにすばらしい合唱を瞳を輝かせて聴いていた……。

3 〝自由で平等な〟学級集団の中から（第三回）

○うちのクラスでは、一人一人が毎日、日記を付けている。一週間ごとにそれを見て返事を書く。初めのころは一、二行の文で、はしにもぼうにも引っ掛からなかったが、このごろはかなり書く子（二ページぐらい）も現れ、読むのが楽しい。（しんどいとも言えるが……。）多い子はすでに七冊目になっている。

さて、先日こんな文に出くわした。

一二月二五日　吉永小百合（仮名）

先生、「あゆみ」のことだけど、あれちょっとひどすぎるんじゃあない。算数がオールCなんてひどいよ。いっしょうけんめいやったのに、そりゃあ、私はものおぼえがおそいからしょうがないかもしれないけれど、あんなことじゃああたまにきちゃう。私はまけないぞ。こんなことでまけては吉永小百合の名がすたる。女がすたる、どこかで聞いたことのあるせりふでしょう。そんなことはほじっこによせといて、あれやっぱりひどすぎるよ。でも三学期はがんばるからね、期待していてね、ねをあげないようにね。

○さて、保護者の方、これを読んでいかがであろうか。

自分の小さいころと比べて見て、通知表の点に抗議をするこの子に驚くであろうか。さてまた、何と人情のない教師だと思うだろうか。こんなにけんめいにやる子がオールCなんて、何と頼りのない、力のない教師だろうと思うだろうか。もう一度、この日記をお読みになって、まずは考えてもらいたい。

○さて、ここでは通知表があるのがいいかわるいかは別にする。(僕はない方がよいと思う。)

算数がオールCだからだめな子だなんて思わないでほしい。あれだけの文を書く。学習評価の中にはこれっぽっちの情実もない。目標に到達していればAだが、だめならCである。だから、どれだけこの子が抗議しようと、CならCを付けざるをえない。ごまかして付けるならない方がいい、付けない方がいい。

○この子は、かけ算、割り算の力がないためにこうならざるをえないのだが、本人なりの進歩はしている。努力もしている。しかし、それをCから引き上げられなかった教師である僕の力のなさや非力さは責められていい。それは、ひとえに僕の責任であるし、どれだけ貧しい授業をしていたかの証明でもある。だから、僕は通知表にCを付けるたびに胸が痛む。その子に済まなく思う。済まないなんて、言って済ませられる筋合いのものじゃないことは承知の上でやはりまずそう思う。

○ただ、この子が先生に抗議をするようにまでなったことは、とりわけ、「うるさいほど聞きにいくからね」と言うまでになったことは、いささか自負してもいいことだと思っている。自分の一番苦手な算数でかなり努力して、やっぱりCだったショックがありながら、なお食いついていこうとする強さを育て上げたことは、いささか自負してもいいことだと思う。人間の成長の過程では、こうしたかまえが他の何よりも必要なのだと、思うからである。

○この子はどうして教師に言えるのであろうか。しかも卑屈なかげはなく、むしろ自分自身に自信をもって強く言えるのであろうか。それは、この子が自分の良さに自信をもっているからにほかならない。この子が算数のオールCは自分の人格の中のほんの一部分にほかならないことを感じつつあるからである。それが人格のすべてではないこと、自分には自分の良さがあること、それがガッチリしているからこそ、この子は自分の弱さへの挑戦を明るく、しかも力強くできるのである。

○そうした心はどういう中から生まれてきたのだろうか。それは今まで述べたような「自由で平等」な学級集団の中で培われたものである。
ポートボール大会やのど自慢大会や運動会のリレーで力を合わせて優勝したことや、学芸会や遠足や一九七二年お別れパーティーで質の高い活動をみんなで作り出したことがあるからである。係の仕事や活動をけんめいにやってきたからである。
一人一人に重要な仕事が与えられ、ある時にはクラス全員に提案し、批判されながら作っていったからである。とりわけ、わるい点を批判されるのは当たり前であり、「いい子づら」をして、隠しごとや見栄えがよいことばかりをすることが徹底的に批判されていたからである。
どの子も、全員の前でその良さや仕事をほめられたことがあり、逆にどの子も全員の前でそのわるさを批判されたことがあるからである。わるいことをもっているのは恥ずかしいことではなく、それを隠そうとすることこそ恥ずかしいことであることが分かりつつあるからである。〈よけいなことが長くなってしまった。僕のひどさかげんについて書こうとしたのだが、別の機会にゆずりたい。〉
最後に「いささか異議あり」への意見を再び書いてくれた保護者の方への返事を書い

ておく。

「選ばれたいと思う気持ちが多くなり不満が出てきたら、どのような方向にもっていくのでしょうか……。」

選ばれる子供が多く出たならば、それだけでその学級はうまくいっている証拠だ。何のためらいもなく立候補する子が半分を超えたら、その学級は実にすばらしい学級と今の段階では言える。

なぜなら、研究会などで「立候補者が一人もいない」ということこそ、問題になっているからだ。それは選ばれるものが固定しているからであり、人気者や「優等生」が選ばれる方法をとっているからである。だから立候補者が出なくなる。しかも不満が潜在する。

誰でもなれる方法なら、しくみを変えるなら、多く立候補するようになる。そして不満はほとんど出てこない、ただし、三三人の子供がいるとしたら、そのすべての子が、いつかはどこかで重要な役割を果たせるぐらいの活動の領域を広げてあげる配慮は当然必要なことだ。

○やりたい意志が強いだけの子供の質は、批判の中で転換させられなくてはならない。

先月、クラスで一九七二年お別れパーティーをやって、実に楽しい活動とすばらしい飾り付けをやった。一人一人の子供が実に見事な動きをした。誰一人としてさぼる者もなく、自分で仕事を見付けて……。仕事のなくなった子はゴミなどを拾って……。

その時、その活動の中心に、クラスの中心になったのは、静かでおとなしい女の子だった。静かすぎるほどの女の子だった。しかし、全体に責任をもち、水ももらさぬ準備の仕事と、当日の仕事の中心になり活動した。命令するでもなく、どなるでもなく、でも、その活動の時は司会役のその子が中心だった。パーティーが終わって、クラス全員でその子に感謝状を送った。大きな拍手の中で渡された。しかも、そうした役割をしたのはその子は初めてだった。今までに他の子が何十人も何十回もそうしたことをやっていたからこそ、その子のカラーを出しながら、さらにすばらしく出来上がったと思う。

○一の二の保護者のみなさん、K先生、ずいぶんと言いたいことを書いた。でも、ともに「たしかな教育」を志向する仲間だと思うから、四の二の保護者ともども一の二の教育を見守っているのだから、声援しているのだから、許してもらいたい。保護者のみなさん、折がありましたら四の二を訪ねてください。子供たちのすてきな歌声でお迎えします。

第9章

向山学級の特徴は何か

1　向山学級の調査

私の教室には、大学生が通ってくる。卒論の対象に、私の授業を選んで通ってくるのである。

一九八二年度、私は四年生の担任であった。その時、三人の学生が一年間通い続けた。一人が横浜国立大学の学生、二人が千葉大学の学生であった。一人は国語教育、一人は社会科教育、一人は学級経営をテーマとしていた。

向山学級における学級経営をテーマに選んだK君は、始業式の日にさっそく教室にやって来て調査を開始した。つまり、私がまだ何も授業をやっていない状態におけるアンケートを実施したのである。

そして、同じアンケートを七月、一二月、三月に行った。

担任によって、子供がどのように変化するか、あるいは変化しないかを明らかにするための調査である。他人によって明らかにされた私の学級の実態は、それなりの説得力をもつ。

その時のデータから、私自身の教育の特徴を考えてみたい。

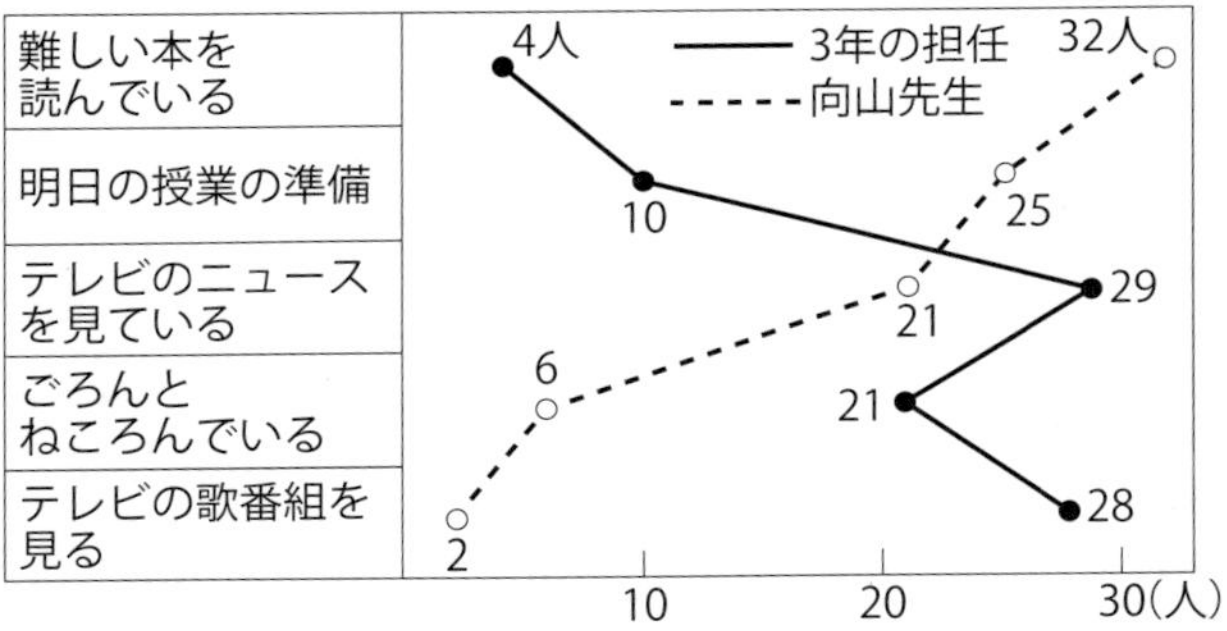

帰宅後の教師のイメージ
—家での先生は、難しい本を読み勉強している—

この時は、前担任（三〇歳・男）の時のアンケートと私が担任になってからの両方を比較している。アンケートは一年がかりで実施された。

三年はA先生、四年は私が担任だったのである。

①まずは担任のイメージである

私は帰宅した後、「難しい本を読んでいる」教師であり、テレビをほとんど見ていないと子供に思われている。

これは、事実に近いことだが、ポイントは子供が、そのようなイメージを描いているということである。

逆にA先生は、テレビばっかり見ていると受けとられていたようである。

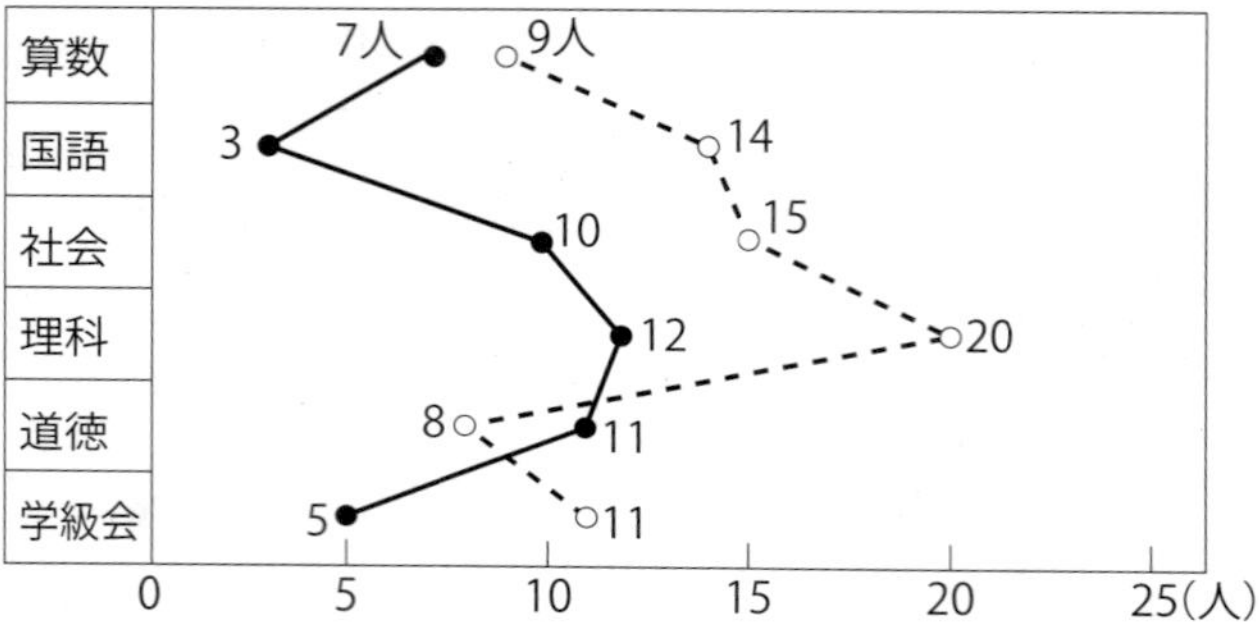

授業の楽しさ
—道徳以外の授業が3年より楽しい—

②次はどの授業が楽しいかということである

国・算・理・社の授業は、私の方が楽しいらしい。道徳は「つまらない」みたいである。

これは、私がテレビを見せなかったためらしい。「道徳のテレビ」より、さらに楽しい授業をするのは大変なことなのである。

③次は授業の特徴である

このアンケートでも明白である。

私の特徴は、たとえば次のことである。

「分かりやすい説明をしてくれる」これを実に二九人の子が選択している。A先生も分かりやすいと答えたのは七名である。

「ノートをよく見る」となるともっと激しい。私を三七人の子が選択している。A先生を選んだ子は一名

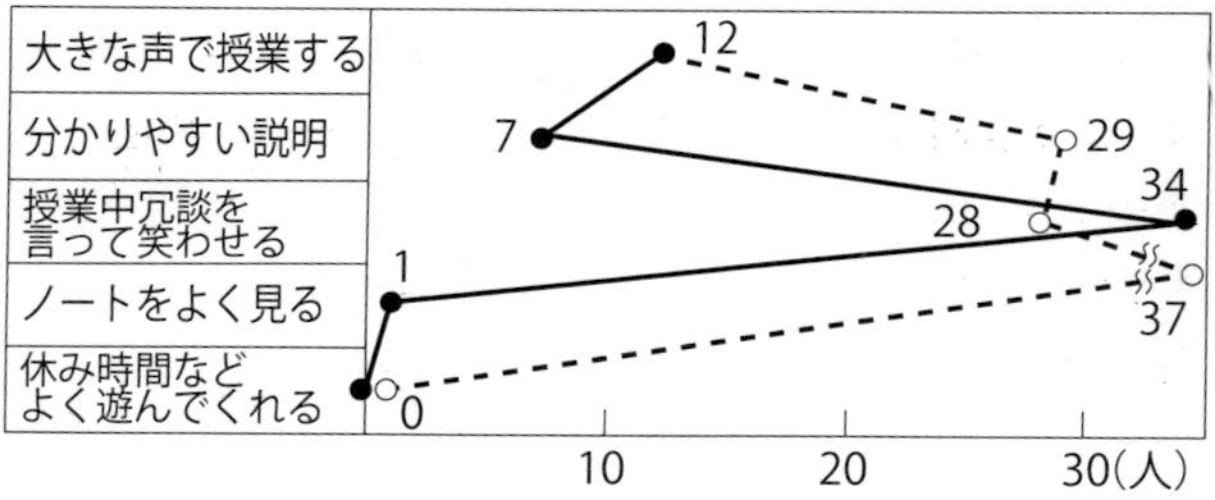

どんな先生か
―授業で実力のある先生―

である。
「一人一人を大切にする」というスローガンは美しい。
「授業を研究する」という言葉も美しい。
A先生も常々そう言っていた。
しかし、こうして子供のアンケートを見ると冷厳な事実が浮かんでくる。
「一人一人を大切にする」のは、ノート指導一つをとっても大変なことなのである。

④これは、自分のことを分かってくれているかどうかというアンケートである

私は「勉強の得意・不得意」をよく分かっているらしい。一方、「将来つきたい仕事」はあまり分かっていないと思われている。
しかし、「悩みごと」について分かっていてくれる

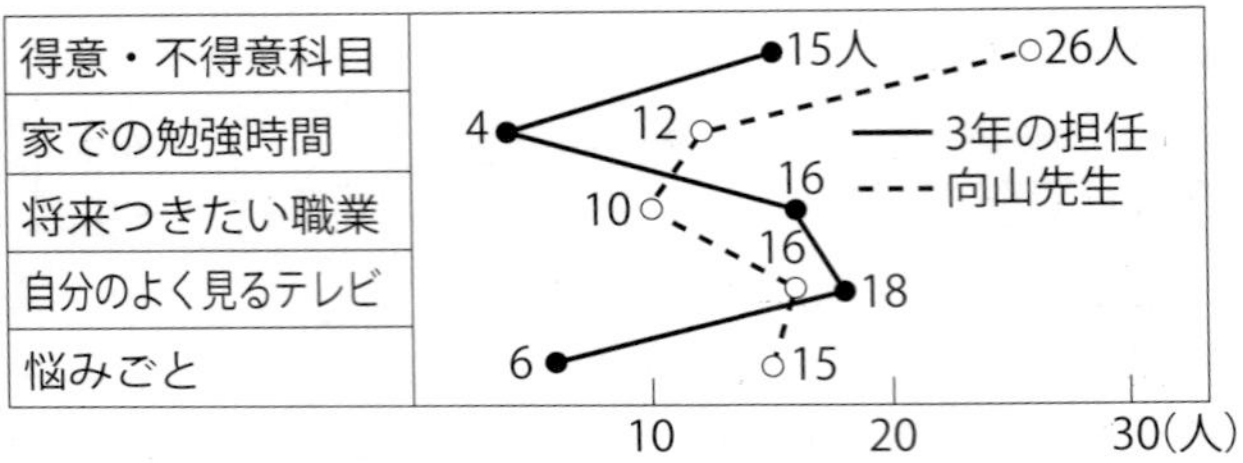

教師の児童理解
―自分の得意・不得意科目や悩みごとを分かってくれる―

と思っている子がけっこういる。

⑤次は学校生活について満足しているかどうかである

担任としての私は、一学期のうちに、ほぼ「満点」の状態になっている。

前担任と比べれば、そのちがいははっきりする。

前担任のアンケートは、私が担任する直前、教室に入る前に行われている。つまり、前担任の最終段階でのアンケートそのままである。

「勉強について」「全体について」にはいろいろな問題がからむ。

それをも満足するというのは、困難なことなのである。不満を言ってるのではない。

けっこういいけれど「満足する」とまではいかない子がいるわけである。

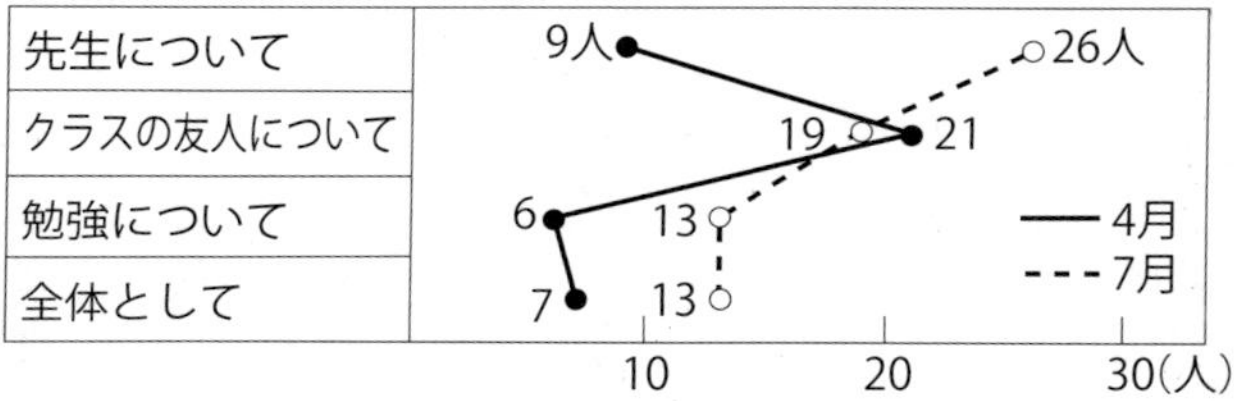

学校生活の満足度
―先生については文句なし、でも友達関係が……―

以上、アンケートを見てきたが、やはり大切なのは、第一に授業だということが分かる。

授業こそ、教師の生命である。

その次に、一人一人のことを理解するということが続く。

第三者によるアンケートは、教師の甘い幻想をうちくだくような現実を見せてくれる。

2　先生の通知表

私の母親は何でも取っておく人で、日記代わりの家計簿も四〇年近くのものが保存されていた。

支出、収入などの区分けをしたことは一度もないから、経済のことを考えてのことではない。もう純粋に「ただ付けている」だけなのである。

私の小学校一年の時からの様々な成績にかんするものも綴じてある。

小学校二年の時の絵を見て、我ながらおどろいた。家と人間があって、なぜか人間の方が家より背が高い。

右上隅に、太陽がピカピカ光っている。それだけならまだいい。左上隅にも太陽がピカピカ光っている。裏を見ると、おそろしくへたくそな文字で名前がある。むこうやまの「や」の字が「や」と反対に(鏡文字に)なっているのだ。

担任の向山洋一は、教え子向山洋一をどう診断するだろう。

「物の大きさの大小が識別できないほど、数学の基本である量概念が不足しており、太陽が二つに見えるほど、科学的認識力が欠如しているか、嘘やペテンを堂々と主張するかのような危険な人格であり、ひら仮名（しかも自分の名前）を書けないほど、文字の習得が遅れており、かつ文字の書き方から見て、粗雑・粗野な性格である。向山君、もっとまじめで、ていねいで、正確な学習を心掛けなさい。評定、算数C、国語C、理科C、図工C」
〈付記〉その後も、向上の跡はうかがえない。恥を知りなさい。

四年生を担任している時、何人かの子供が私の通知表を付けてくれた。私の教室の様子を、別の面から物語るであろう。そのうちの一つをコメントをしないで、そのまま、次ページに載せてみよう。（名前は仮名にしてある。）

〈通知表　向山洋一先生〉

	1〜5まで！
しょうぎ	5　いつもながら……
百人一首（よみ方）	5　速いけれど勉強になった
理　　科	5　ものすごくたのしかった！
国　　語	4　楽しいけれどもう一歩
社　　会	5　ノートに？点くれたから！
テストの点の付け方	0.1　いつもきびしいんだもん
はんけつのやり方（けんか）	5　公平で、とてもよかったです
歌	5　先生、まどしめるほどじゃないですよ！

〜〜〜〜〜〜〜〜　通知表だけの山田先生より　〜〜〜〜〜〜〜〜

とても楽しい授業でした。
パーティーも、ステキできねんになりました。
サインも書いてもらってとてもうれしかったです。
本当にありがとうございました。せいせきはおおめです。

♡山田♡

思い出

- パーテイー　• 理科の豆電球の勉強
- 野口さんが引っこす　• 研究授業
- さか上がり全員できる　• ドッジボール男女ゆう勝
- 音楽グループ発表会

保護者から

向山先生

今年も、山田くつてんを４６４９おねがいします。

この一年間、思い出に残るすばらしい向山先生に親子共々めぐり会え、有意義な4年生のページを飾ることができました。

3　第二通知表・あゆみ

通知表に記入する「勉強の結果」の他に、別のことも評定しようということを学年で話し合ったことがある。

「教科書の○ページを開けなさい」というような指示ができるかどうかは大切なことだし「前の自分より努力するようになったかどうか」も、大切なことだと思ったからである。

ただし、できるだけ具体的な形に見えることを対象にしようということにした。「正義感がある」「責任感がある」というようなことは評定できないし、また評定すべきことでもないからである。

しかし、いくら具体的なことで評定するからと言って、教師が見逃すことがある。これは大きな問題だ。だから、「子供自身に評定させよう」ということになった。こうすれば、子供の自覚も高まり一石二鳥となるわけである。その時の第二通知表「あゆみ」は、次ページの内容であった。

改めて見ても具体的で、子供が評定しやすくなっている。

あゆみ　氏名

一九七九年度　調布大塚小学校四年

評価の観点	1学期 自分	1学期 先生
1 授業中、手をあげましたか。（一日一回以上）		
2 わからないとき、自分で聞きにいきましたか。		
3 勉強していることを、もっと調べたことがありますか。（五回以上）		
4 ノートなどは、きちんとていねいに書きましたか。		
5 あれこれ考えて、ばかげたくらいの考えでもしてみましたか。		
6 歯をくいしばって、できるまでがんばってみましたか。（三回以上）		
7 きらいなのをがんばって、すきになったものがありますか。		
8 「このことはまかせておけ」という、とくいなものがありますか。		
9 作品・ノート・作文・日記などをきちんと提出しましたか。		
10 テスト・問題のまちがいを必ずやり直してみましたか。		
11 宿題はちゃんとやりましたか。（忘れても学期に三回）		
12 日記を毎日書いていますか。（忘れても月に一回）		
13 計算カードを毎日やりましたか。（忘れても週に一回）		

14	漢字練習を毎日やりましたか。（忘れても週に一回）		
15	わからない人に教えたりはげましたりしましたか。（五回以上）		
16	授業中、おしゃべりやいたずらをしませんでしたか。		
17	教科書の何ページをあけなさいなどの指示をすぐにできましたか。		
18	いろいろな本を読みましたか。（月に三冊以上）		
19	チャイムですぐ席につき、勉強の用意（ノート教科書をあける）をしましたか。		
20	たずねられたり、用をたのまれたとき、はきはきとできましたか。		
21	机の中、ロッカーの中は、せいとんされていましたか。		
22	白衣（金）・くつ（土）などを忘れずに持ち帰りましたか。（忘れても学期一回）		
23	そうじ中に、おしゃべりをしないでまじめにやりましたか。		
24	作業や片づけを終わりまでやりましたか。		
25	係の仕事をまじめにやりましたか。		
26	先生方などに、あいさつがきちんとできましたか。		
27	週のめあてをやろうと努力しましたか。		
28	休み時間は外で遊びましたか。		
29	教科書・ノートなど忘れずに持ってきましたか。（忘れても三回）		
30	前の自分とくらべて、努力するようになりましたか。		

解説

「手習いにあげた我が子を見ちがえる」実践を作っていく

福島県喜多方市立駒形小学校　根本直樹

一九九〇年十一月発行の初版本を何度も何度も読んだ。
一九九二年、一九九三年と続けて四年生を担任した。
私のバイブルだった。
一九九五年ブラジル・サンパウロ日本人学校で四年生を担任した。
日本から持って行ったこの本に、その時付けた付箋紙が今も貼ってあった。

先生がこれからする動作を作文にしなさい。

衝撃を受けた指示だ。
このような指示があるのかと驚いた。
しかし、本当の驚きが訪れたのは、この後だった。

できるだけ長く書きなさい。

え、これだけの動作をどうやって長く書けと言うのだろう。

予想どおり、最初は書けない。

ほとんどの子供が短くしか書けない中で、たった一人、長く書いてくる子がいる。

その子にＡＡを付ける。

二回目に挑戦すると、最初とはまるでちがう文章を書いてくる。

このような描写が、本当に自分のクラスにも起こるのだろうか。

信じられない思いで追試する。

すると、私の頭に描いたように、次々に子供たちは挑戦し、長く書いて持ってきたのだ。

本に書いてあることは本当だった。

しかも、二十代の駆け出しの教師でも成功したのである。

「ゆうべのうちに、まっ白な雪が、野も山も、うずめていました」

「理科・電気は流れ落ちるか」

子供たちは授業に熱中した。

私も学校が楽しくてしかたなかった。

さらに、である。

授業だけではなく、裏文化の追試こそが、躍動的な学級経営につながっていった。

ぼくだけさか上がりができません

この訴えから始まる「全員達成パーティー」に心から憧れた。

若い時は、全員逆上がりをさせてあげることができなかったが、全員二五メートル、全員読書三〇冊、全員跳び箱達成などの機会にパーティーをしていった。

四年生のものとは思えない「パーティー原案」をそのままコピーして子供たちに参考にさせた。

全員跳び箱と言えば、初めて四年生を担任しての最初の授業参観で体育の授業をした。

もちろん、跳び箱の授業である。

その女の子は「学校に行きたくない」と思っていた。

しかし、授業参観だから、しかたなく来たのだった。

たくさんの親がいるその目の前で、彼女は、あっという間にできるようになった。
お母さんは涙を流していた。
最初は、こんな若造の教師を信用していなかったと思う。
「学校に行きたくない」という娘を不憫に思ったことだろう。
しかし、彼女は跳んだ。何回も何回も跳んだ。
彼女もお母さんも心から私を信じてくれるようになった。
彼女も学級の仲間も、いろいろなことに挑戦するようになっていった。
それも向山式跳び箱指導法のおかげである。

手習いにあげた我が子を見ちがえる

向山氏の師匠、石川正三郎の言葉が載っている。教師の仕事の真髄を向山氏に何度も語ったという。この言葉を指標に、これからも精進していきたい。

ちがった。Dにすると、さらに熱中したのである。
次々とノートを持ってくる。
次々とDが続く。
そうすればするほど、熱中するのだ。不思議な感覚だった。
二三歳の私が、「個別評定」の威力を体感した、初めての授業だった。
それまでは子供の作文に「D」を付けることに、ためらいがあった。
Aさんの作文は、次のように変化する。

◆1回目　先生がドアを開けて教室に入り、ドアをしめ、みんなの前にたった。
◆3回目　先生がゆっくりそっ～と、教室のドアを開けた。また、先生が開けたときと同じようにゆっくりそっ～と教室のドアを閉めた。そして、次に先生がそっ～とそっ～と歩いて、何かうれしいことでもあったかのように顔で、みんなを見つめた。

子供達は、授業が終わっても、ノートを持ってきた。

「先生、もっとしたい！」と言う。

中には、家に帰ってからも作文を書いていた。教師のわずか5秒程度の動きを、ノート1ページ書いていた。

向山氏は、本書で述べている。

> 想像力の貧困な教師のクラスからはドラマは生まれない。
> 教師が頭に描くこと以上のことは、生まれはしないのである。

子供達が熱中する授業をしたい！

「先生、もっと書きたい！」「家でも書いてくるよ！」という作文の授業をしたい！

二三歳の私には、到底想像できない世界だった。作文の授業といえば、重たく暗いものだと思っていた。楽しい、熱中する作文の授業など、想像できなかった。

私の想像力を広げてくれたのは、向山氏の実践である。

向山氏の書籍を読むと、想像力が広がる。大きなドラマを想像することができるのだ。

学芸みらい教育新書 ⓫

小《しょう》学《がく》四《よ》年《ねん》学《がっ》級《きゅう》経《けい》営《えい》
先《せん》生《せい》の通《つう》知《ち》表《ひょう》をつけたよ

2016年1月15日　初版発行

著　者　向《む》山《こう》洋《やま》一《よう》

発行者　青木誠一郎

発行所　株式会社学芸みらい社
〒162-0833 東京都新宿区箪笥町31 箪笥町SKビル
電話番号 03-5227-1266
http://gakugeimirai.jp/
E-mail：info@gakugeimirai.jp

印刷所・製本所　藤原印刷株式会社

ブックデザイン・本文組版　エディプレッション（吉久隆志・古川美佐）

落丁・乱丁は弊社宛にお送りください。送料弊社負担でお取替えいたします。

ISBN978-4-908637-03-2 C3237